Antipasti – Verführung auf Italienisch!

Zu den köstlichsten Genüssen, die die »cucina italiana« für uns bereithält, gehört die breite Palette der Vorspeisen. Der Ruhm vieler Antipasti ist weit über die Grenzen der Halbinsel hinausgedrungen und hat so manche Teile der Welt erobert. So sind Carpaccio, Vitello tonnato oder Tomaten mit Mozzarella auch in Paris, London und New York ein Begriff. Aber es gibt noch viele weitere Vorspeisenschätze, die es zu heben gilt. Gehen Sie mit diesem Buch auf kulinarische Entdeckerreise!

Die Farbfotos gestalteten
Odette Teubner
und Kerstin Mosny.

»Stuzzicare lo stomaco«

Ob auf einer festen Theke ausgestellt oder auf einem servicefreundlichen Wägelchen vom Kellner an den Tisch gerollt, stets gehören die »antipasti« zu jenen Speisen der italienischen Gastronomie, denen der Gast im Restaurant seine ganz besondere Aufmerksamkeit zuwendet. Nicht nur die Vielfalt des Angebots ist meist imponierend, auch die appetitliche Art, in der die Vorspeisen angerichtet werden, wirkt ungemein anregend. So haben wir es nicht nur einmal erlebt, daß Freunde, mit denen wir zum Essen gingen, sich so ausgiebig aus den Köstlichkeiten der angebotenen »antipasti« versorgten, daß sie kaum oder gar nicht mehr in der Lage waren, den weiteren Gängen, wenigstens dem »primo« und dem »secondo« zuzusprechen. Theoretisch sollten nämlich »antipasti« eigentlich nur »stuzzicare lo stomaco«, das heißt, den Magen kitzeln. Treu der Devise, daß das Auge beim Essen mehr als nur den sachlichen Beobachter zu spielen hat, sind die »antipasti« denn auch stets an strategisch günstiger Stelle in einer Vitrine so künstlerisch angeordnet, daß jedem Besucher des Lokals schon beim ersten Anblick das sprichwörtliche Wasser im Munde zusammenläuft. So fällt es auch dem Feinschmecker manchmal schwer, das richtige Maß zu halten. Vorspeisen sollten jedoch wirklich nur neugierig machen auf das, was noch kommt, sie sind die Ouvertüre für ein gutes Mahl. Deshalb wird in Italien so großer Wert auf die

Was hier so exotisch blüht, waren vor kurzem noch Kapern. Denn Kapern sind die Knospen des Kapernstrauches. Auf dem Foto sehen Sie sie zwischen den Blüten.

richtige Auswahl und eine besonders sorgfältige Zubereitung gerade dieser Gerichte gelegt.

Von schlichten Antipastofreuden

Wohl dem, der auch Freunde unter der italienischen Landbevölkerung hat, denn selbst der ärmste Bauer wird es nicht versäumen, seinem Gast vor der »minestra« (Suppe), der »pasta« (Nudeln) oder dem »risotto« (Reisgericht) eine köstliche Vorspeise anzubieten. Oft wird das Brot noch im Hause selbst gebacken. Man schneidet es in Scheiben, röstet diese im Kamin, reibt sie dann kräftig mit Knoblauch ein und träufelt reichlich »Olio vergine« darüber.

In Umbrien kennen wir eine Bauernfamilie, die uns mit »antipasto misto« (Vorspeise mit Schinken und Salami) verwöhnt. Das Angebot ist dort zwar nicht so vielfältig, wie man es vom Restaurant her kennt, aber die Würste stammen von »glücklichen Schweinen«, die sich vor dem Haus tummeln. Und der »padrone« (Hausherr) verweist stolz darauf, daß er seine »salametti« selbst nach einem alten Familienrezept herstellt. Sie schmecken dementsprechend köstlich.

Ein wahrer Schatz

In der Gegend von Neapel durfte ich einmal einen Blick in die Speisekammer einer befreundeten Bäuerin werfen. Dort hängen zwischen langen Knoblauchzöpfen und dicken Zwiebelbündeln mächtige hausgemachte Schinken, deren Anblick allein schon den Betrachter vor Neid erblassen läßt. Auf windschiefen Regalen reihen sich Töpfe mit in Salz eingelegten Sardellen, und Gläser, gefüllt mit Auberginen, Paprika, Tomaten und buntem Gemüse unter Öl, die eine gemischte Vorspeise zu einem Gedicht werden lassen. Überwältigt von dem Anblick, meinte ich damals: »E proprio un tesoro« (das ist wirklich ein Schatz). Seitdem wird bei der zeitraubenden Zubereitung dieser Konserven immer von jeder Sorte mindestens ein Glas für mich miteingeplant.

Von festlich bis alltäglich

An Festtagen gibt man sich allerdings mit solch schlichten Köstlichkeiten nicht zufrieden. Fast jede Region hat eine Fülle traditioneller Vorspeisen, die dann sehr sorgfältig und unter großem Zeitaufwand zubereitet werden. Auch die moderne Hausfrau in der Stadt hält an diesen Traditionen eisern fest. In ihrer Alltagsküche aber verwendet sie viel Gemüse, um daraus Vorspeisen zuzubereiten. Salate aus rohen und gekochten Zutaten sind in bunter Vielfalt vertreten: Fenchel, Broccoli, Bohnen, Blumenkohl, Artischocken, was immer der Markt an frischer Ware anbietet, werden »al

dente«, also knapp gar gekocht, und dann abgetropft einfach in einer würzigen Sauce mariniert. Da diese antipasti schon Stunden vor dem Essen fertiggestellt werden können, sind sie besonders bei berufstätigen Gastgebern sehr beliebt. Hartgekochte Eier verwenden die Italiener nicht nur als Garnierung. Fantasie und kulinarisches Gespür zaubern aus ihnen die delikatesten Salate. Es gibt aber auch eine ganze Reihe aparter warmer Eierspezialitäten, die sich, in entsprechender Menge zubereitet, sogar als leichte Hauptgerichte verwenden lassen.

Ein Anblick zum Schwachwerden – ein üppiges Antipastibuffet ist der Stolz vieler italienischer Köche.

Aus dem blauen Meer

Antipasti aus Fisch, Muscheln und Tintenfisch schmecken natürlich dort am besten, wo diese fangfrisch auf den Markt kommen. Heutzutage wird es jedoch immer leichter, die nötigen Zutaten, tiefgefroren und sogar frisch auch bei uns in bester Qualität zu bekommen. Wenn Sie solche maritimen Spezialitäten in ein Menü für Gäste einplanen, sollten Sie sich vergewissern, daß diese »frutti di mare« schätzen.

Klassiker mit Fleisch

Außer dem allseits bekannten »antipasto misto« und den verschiedenen Kombinationen von rohem Schinken mit frischen Früchten, zu denen sich neuerdings auch in Italien Exoten gesellen, gibt es noch eine ganze Reihe anderer Vorspeisen aus Fleisch, vom Carpaccio über würzige Salate aus gekochtem Rindfleisch, Geflügel oder Kalbskopf bis zum »vitello tonnato« (Kalbfleisch in Thunfischsauce), das sogar in der internationalen Gastronomie seinen festen Platz gefunden hat.

Zum guten Schluß

Ob Sie aus dem Angebot dieses Buches ein schlichtes »antipasto«, eine elegante Vorspeise für ein festliches italienisches Menü wählen oder ein kaltes Buffet »all italiana« zusammenstellen, Ihre Gäste werden sich stets wie im Urlaub fühlen.

Viel Spaß mit den »antipasti« und »buon appetito« wünscht Ihnen Ihre Marieluise Christl-Licosa.

Focaccia alla pugliese

Fladenbrot mit Tomaten und Knoblauch

Auf dem Lande wird gerne eine leichte Pizza oder eine Focaccia als Vorspeise gereicht.

Zutaten für 4 Personen:
Für den Teig:
1/2 Würfel Hefe (20 g)
300 g Mehl
1/2 Teel. Salz
etwa 1/8 l lauwarmes Wasser
2 Eßl. Olivenöl
Für den Belag:
etwa 300 g kleine feste, aber reife Tomaten
6–8 Knoblauchzehen
Salz
weißer Pfeffer, frisch gemahlen
1 Teel. getrockneter Oregano
4 Eßl. Olivenöl
Für das Blech: Olivenöl

Preiswert

Pro Portion etwa:
1600 kJ/380 kcal
11 g Eiweiß · 13 g Fett
57 g Kohlenhydrate

- Zubereitungszeit: etwa
  2 Stunden (davon etwa
  1 1/4 Stunden Ruhezeit)

1. Die Hefe zerbröckeln, mit 2 Eßlöffeln lauwarmem Wasser glattrühren. Das Mehl mit dem Salz mischen, auf eine Arbeitsfläche häufen, eine Mulde hineindrücken. Die angerührte Hefe hineingeben, mit etwas Mehl bedecken. Diesen Vorteig solange gehen lassen, bis die Oberfläche Risse zeigt. Das dauert etwa 15 Minuten. Dann nach und nach das lauwarme Wasser in die Mulde gießen, dabei von innen nach außen das Mehl unterarbeiten.

2. Den Teig kneten, bis er glatt und geschmeidig wird. Eine Kugel formen, diese kreuzweise einschneiden, mit Mehl bestäuben und, mit einem Tuch bedeckt, an einem warmen Ort so lange gehen lassen, bis sich das Volumen verdoppelt hat. Das dauert etwa 1 Stunde.

3. Inzwischen die Tomaten überbrühen, häuten, halbieren, dabei die Stielansätze, die Kerne und den Saft entfernen. Die Tomaten der Länge nach in Streifen schneiden und in einem Sieb gut abtropfen lassen. Die Knoblauchzehen schälen und je nach Größe in 6–8 Stifte schneiden. Den Backofen auf 220° vorheizen.

4. Den Teig nochmals kräftig durchkneten, dabei die 2 Eßlöffel Olivenöl unterarbeiten. Auf einem gut geölten Backblech ausrollen. Mit einem Löffelstiel in gleichmäßigen Abständen Löcher in die Teigoberfläche stechen und diese jeweils mit einem Tomatenstreifen und einem Knoblauchstift füllen. Oder die Tomaten und den Knoblauch über den Teig streuen. Die Focaccia mit Salz, Pfeffer und dem Oregano bestreuen und mit dem Olivenöl beträufeln.

5. Die Focaccia im Backofen (Mitte) 20–25 Minuten backen.

Bruschetta

Geröstetes Weißbrot mit Olivenöl

Zutaten für 4 Personen:
2 Knoblauchzehen
8 Scheiben Weißbrot, fingerdick geschnitten
reichlich Olivenöl, kaltgepreßt, zum Beträufeln

Schnell • Preiswert

Pro Portion etwa:
980 kJ/230 kcal
2 g Eiweiß · 19 g Fett
13 g Kohlenhydrate

- Zubereitungszeit: etwa
  15 Minuten

1. Die Knoblauchzehen schälen und quer halbieren.

2. Das Brot über dem offenen Grill, im Kamin oder im heißen Backofen auf beiden Seiten goldbraun rösten, dann kräftig mit den Schnittflächen der halbierten Knoblauchzehen einreiben.

3. Das Brot reichlich mit Olivenöl beträufeln, dann sofort zum Wein servieren.

Im Bild oben: Bruschetta
Im Bild unten: Focaccia alla pugliese

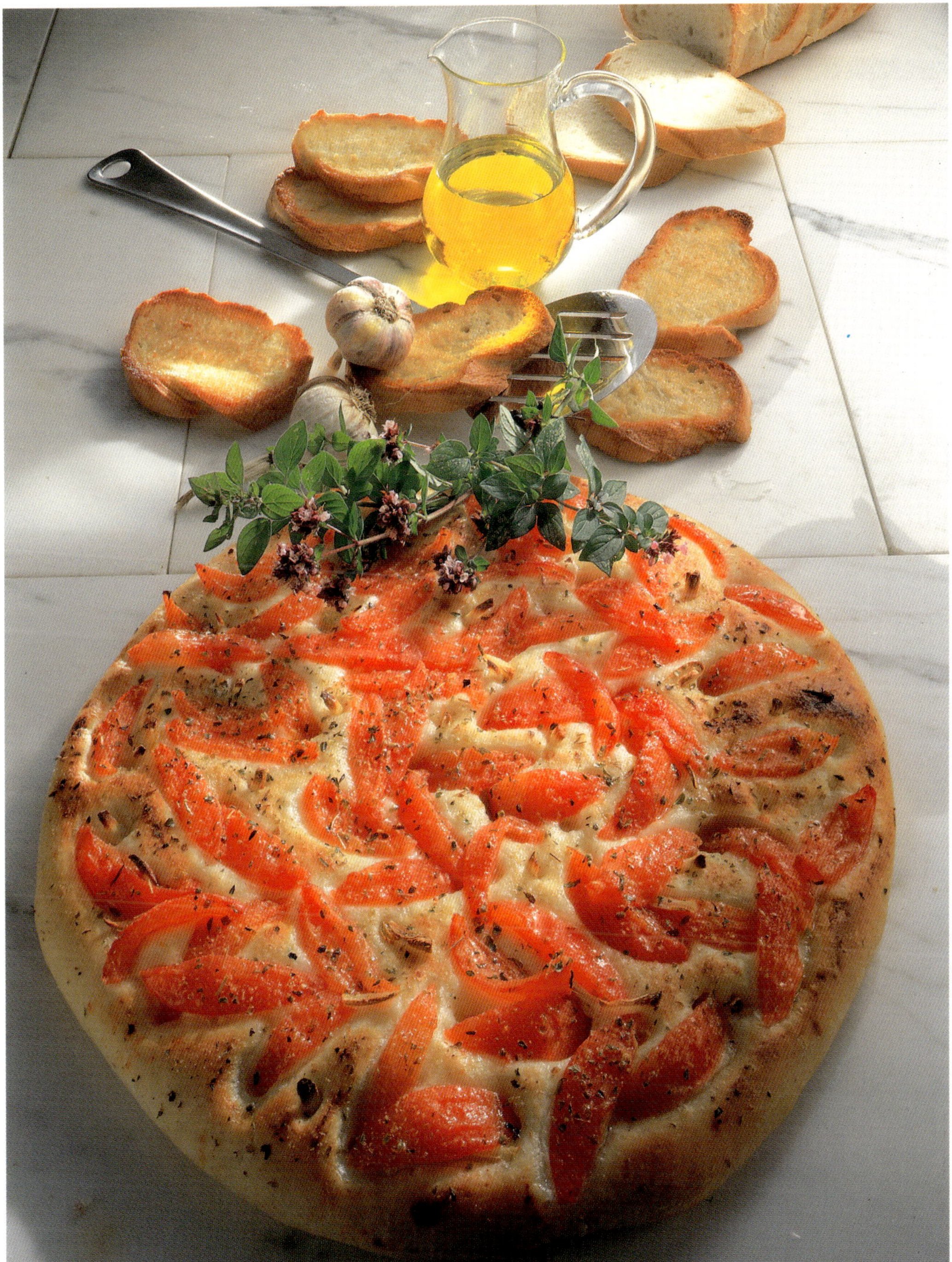

Crostini alla napoletana

Toast mit Mozzarella und Tomaten

Die Zutaten für die »crostini« können Sie gut vorbereiten. Sie sind darum nicht nur eine beliebte Vorspeise, sondern werden auch gerne zu vorgerückter Stunde als kleiner Imbiß gereicht.

Zutaten für 4 Personen:
4 kleine reife, aber feste Tomaten
2 Mozzarella zu je 150 g
4 Sardellenfilets
4 Scheiben weißes Kastenbrot
80 g Butter
Salz
schwarzer Pfeffer, frisch gemahlen
etwa 1 Teel. getrockneter Oregano
Für das Backblech: Butter

Schnell • Gelingt leicht

Pro Portion etwa:
1700 kJ/400 kcal
21 g Eiweiß · 31 g Fett
11 g Kohlenhydrate

• Zubereitungszeit: etwa
  30 Minuten

1. Die Tomaten kurz mit kochendem Wasser überbrühen, häuten, dabei die Stielansätze und die Kerne entfernen. Die Tomaten in 8 gleichmäßige Scheiben schneiden, (Endstücke anderweitig verwerten), diese auf Küchenpapier abtropfen lassen.

2. Den Backofen auf 200° vorheizen. Ein Backblech mit Butter bestreichen.

3. Den Mozzarella abtropfen lassen und ebenfalls in je 4 Scheiben schneiden. Die Sardellenfilets längs halbieren.

4. Die Brotscheiben entrinden, mit der Butter bestreichen, dann diagonal durchschneiden.

5. Auf jedes Dreieck eine Tomatenscheibe legen und mit einer Käsescheibe bedecken. Einen Sardellenstreifen darüber legen. Mit wenig Salz, Pfeffer und dem Oregano würzen.

6. Die »crostini« auf das Backblech legen und im Backofen (oben) etwa 10 Minuten bakken. Dann sofort servieren.

Crostini agli asparagi

Spargeltoast

Zutaten für 4 Personen:
1 kg frischer grüner Spargel
Salz
4 Scheiben weißes Kastenbrot
100 g Butter
3 EßI. Parmesan, frisch gerieben

Für Gäste

Pro Portion etwa:
1200 kJ/290 kcal
11 g Eiweiß · 25 g Fett
13 g Kohlenhydrate

• Zubereitungszeit: etwa
  30 Minuten

1. Die Spargelstangen auf die Länge der Brotscheiben zurückschneiden (die Reststücke eventuell für eine Suppe verwen-

den). Die Spargelspitzen zu einem Bund zusammenbinden und möglichst aufrecht in einen engen Topf stellen (notfalls kann man auch einen flachen Topf nehmen). So viel Salzwasser angießen, bis es knapp an die Spargelköpfe reicht. Den Spargel »al dente« kochen (das dauert je nach Dicke der Stangen 10–15 Minuten), dann gut abtropfen lassen.

2. Inzwischen das Brot entrinden. In einer flachen, breiten Pfanne 50 g Butter erhitzen und die Brotscheiben darin auf beiden Seiten goldbraun braten.

3. Eine Gratinform mit etwas Butter ausstreichen. Den Backofen auf 200° vorheizen.

4. Die Brotscheiben in die Form geben, mit den Spargelspitzen belegen, den Parmesankäse darüber streuen und die restliche Butter in Flöckchen darauf verteilen.

5. Die »crostini« im Backofen (oben) 8–10 Minuten backen, bis der Käse geschmolzen und ganz leicht gebräunt ist.

Im Bild oben: Crostini agli asparagi
Im Bild unten:
Crostini alla napoletana

Crostini alla toscana

Toast mit Milzpaste

Zutaten für 4 Personen:
200 g Kalbs- oder Rindermilz
150 g Hühnerlebern
3 Schalotten
1 Stange Bleichsellerie
1 Eßl. Kapern
3 Sardellenfilets
3 Eßl. Olivenöl
4 Eßl. trockener Weißwein
4 Eßl. Fleischbrühe
Salz
weißer Pfeffer, frisch gemahlen
etwa 300 g Weißbrot (Baguette)
vom Vortag
1 Zweig Petersilie

Anspruchsvoll

Pro Portion etwa:
1600 kJ/380 kcal
28 g Eiweiß · 12 g Fett
41 g Kohlenhydrate

• Zubereitungszeit: etwa
  50 Minuten

Tip!

Wer es üppiger mag, kann die fertige Paste mit 20 g weicher Butter binden oder die Brotscheiben vor dem Bestreichen in heißem Olivenöl braten. Toskanisches Landbrot, das man auch bei uns in Spezialgeschäften kaufen kann, ist natürlich am besten als Unterlage für diesen würzigen Aufstrich.

1. Die Milz waschen, abtrocknen, mit einem Messer aus der Haut schaben. Die Hühnerlebern waschen, trockentupfen, von allen Fetteilchen und Sehnen befreien und in ganz kleine Stücke schneiden.

2. Die Schalotten schälen. Den Sellerie putzen, falls nötig, Fäden entfernen, waschen, trockentupfen, dann mit den Schalotten zusammen fein hacken. Die Kapern und die Sardellenfilets ebenfalls fein hacken.

3. Das Öl erhitzen, das Gemüse bei mittlerer Hitze darin etwa 5 Minuten anbraten, dann die Milz und die Hühnerlebern etwa 3 Minuten mitbraten. Den Wein angießen und bei starker Hitze verdampfen lassen. Die Kapern und die Sardellen dazugeben. Die Brühe angießen.

4. Das Ganze köcheln lassen, bis eine dickliche Paste entsteht, salzen, pfeffern. Das Brot in Scheiben schneiden und im Toaster rösten. Jede Scheibe mit der Paste bestreichen, mit einem Petersilienblatt verzieren und sofort servieren.

Crostini al tonno

Thunfischtoast

Als es noch keine Kühlautos gab, die den frischen Fisch von der Küste ins Landesinnere transportierten, waren die Italiener des Binnenlandes auf Fischkonserven angewiesen. Mit viel Phantasie entstanden so köstliche Kreationen aus Thunfisch. Diese Toasts werden besonders gerne zubereitet.

Zutaten für 4 Personen:
1/2 Bund Petersilie
8 gefüllte grüne Oliven
150 g Thunfisch in Öl (Nettoeinwaage)
4 Scheiben Toastbrot
200 g weiche Butter
1 Zitrone
Salz
weißer Pfeffer, frisch gemahlen
2 Zweige krause Petersilie

Preiswert

Pro Portion etwa:
2200 kJ/520 kcal
10 g Eiweiß · 49 g Fett
8 g Kohlenhydrate

• Zubereitungszeit: etwa
  30 Minuten

Tip!

Sie können die Masse auch in einen Spritzbeutel füllen und Rosetten auf die Toastscheiben setzen. Dann jede mit einer Olive krönen.

1. Die Petersilie waschen, trockenschwenken und fein hacken. Die gefüllten Oliven in Scheibchen schneiden. Den Thunfisch abtropfen lassen, fein hacken, im Blitzhacker oder im elektrischen Zerhacker zerkleinern oder durch ein Sieb streichen.

2. Die Brotscheiben im Toaster oder im Backofen goldgelb toasten, dann dünn mit Butter bestreichen und diagonal halbieren.

3. Die restliche Butter in einer Schüssel schaumig rühren, mit dem Thunfisch, der Petersilie und dem Saft von 1/2 Zitrone gründlich mischen, dann mit Salz und Pfeffer pikant abschmecken.

4. Die Thunfischmasse gleichmäßig auf die Brotscheiben streichen und die Oberfläche mit Olivenscheibchen verzieren. Die »crostini« auf einer Servierplatte mit gezackten Zitronenscheiben und der krausen Petersilie anrichten.

Caprese

Tomaten mit Mozzarella

Zutaten für 4 Personen:
6 feste, aber reife Fleischtomaten
mittlerer Größe
etwa 300 g Mozzarella
1 Bund Basilikum
1/2 Teel. getrockneter Oregano
Salz
schwarzer Pfeffer aus der Mühle
Olivenöl, kaltgepreßt

Schnell • Gelingt leicht

Pro Portion etwa:
1800 kJ/430 kcal
17 g Eiweiß · 37 g Fett
6 g Kohlenhydrate

• Zubereitungszeit: etwa
  15 Minuten

1. Die Tomaten waschen, abtrocknen, in etwa 1/2 cm dicke Scheiben schneiden, dabei die Stengelansätze entfernen. Den Mozzarella abtropfen lassen und ebenfalls in gleichmäßige Scheiben schneiden.

2. Den Käse und die Tomaten kranzförmig und dachziegelartig abwechselnd auf einer Servierplatte anrichten.

3. Das Basilikum waschen, trockenschwenken, die Blätter abzupfen und das Gericht damit reichlich garnieren. Den Oregano darüber streuen.

4. Salzstreuer, Pfeffermühle und eine kleine Karaffe mit Olivenöl bereitstellen, damit jeder Tischgenosse nach eigenem Geschmack würzen kann.

Variante:

Insalata di Mozzarella

6 kleine Salattomaten, wie im Rezept beschrieben, vorbereiten und auf Portionsteller legen. 450 g Mozzarella in Würfelchen, 5 kleingeschnittene Sardellenfilets und etwa 24 schwarze entsteinte Oliven darüber verteilen. 1/2 Bund Basilikum waschen, trockenschwenken, grob zerkleinern und darüber streuen. 5 Eßlöffel kaltgepreßtes Olivenöl mit Salz und schwarzem, frisch gemahlenem Pfeffer verrühren und über den Salat träufeln.

Pomodori ripieni

Gefüllte Tomaten

Zutaten für 4 Personen:
4 mittelgroße, schöne runde
Fleischtomaten
Salz
2 Eier
200 g Thunfisch in Öl (Netto-
einwaage)
1 Bund glatte Petersilie
50 g Kapern
schwarzer Pfeffer, frisch gemahlen
4 Eßl. Salatmayonnaise
1/8 l Sahne
1 Bund krause Petersilie

Preiswert

Pro Portion etwa:
1800 kJ/430 kcal
20 g Eiweiß · 33 g Fett
9 g Kohlenhydrate

• Zubereitungszeit: etwa
  30 Minuten

1. Die Tomaten waschen, abtrocknen, den Stielansatz entfernen, dann die Tomaten quer halbieren und mit einem kleinen Löffel die Kerne und einen Teil des Fruchtfleisches entfernen. Innen leicht salzen. Mit den Schnittflächen nach unten auf Küchenpapier abtropfen lassen.

2. Die Eier in etwa 10 Minuten hart kochen, kalt abschrecken, schälen und kleinhacken. Den Thunfisch abtropfen lassen, fein hacken und in einer Schüssel gründlich mit den Eiern mischen.

3. Die glatte Petersilie waschen, trockenschwenken, mit den Kapern (8 Stück beiseite legen) fein hacken, dann mit dem Thunfisch vermengen. Salzen und pfeffern. Die Mayonnaise unterziehen. Die Sahne steif schlagen.

4. Die Tomatenhälften mit der Masse füllen, mit einer Sahnerosette und 1 Kaper garniert auf einer Servierplatte anordnen. Die krause Petersilie waschen, trockenschleudern und zwischen die Tomaten stecken.

Im Bild oben: Caprese
Im Bild unten: Pomodori ripieni

Pinzimonio

Rohkostplatte aus der Toskana

Sie können natürlich auch beliebige andere Gemüsesorten auswählen – ganz nach persönlichem Gusto und Marktangebot.

Zutaten für 4 Personen:
1 gelbe Paprikaschote
2–3 kleine feste Zucchini
1 große feste Tomate
1/2 Staude Bleichsellerie
2 kleine junge Fenchelknollen
(schlanke Sorte)
4–6 frische Frühlingszwiebeln
1 kleiner Radicchio
1 Staude Chicorée
Olivenöl, kaltgepreßt
aromatischer Weinessig (z.B. Aceto balsamico)
Salz
weißer Pfeffer aus der Mühle

Vegetarisch

Pro Portion etwa:
1300 kJ/310 kcal
5 g Eiweiß · 26 g Fett
11 g Kohlenhydrate

● Zubereitungszeit: etwa
   45 Minuten

1. Die Paprikaschoten halbieren, Stielansätze, die Kerne und die weißen Rippen entfernen. Die Schotenhälften waschen, abtrocknen und längs in schmale Streifen schneiden.

2. Von den Zucchini die Blütenansätze und die Stielenden entfernen. Die Früchte waschen, abtrocknen und ungeschält

längs vierteln. Die Viertel einmal quer durchschneiden.

3. Die Tomate waschen, längs halbieren, dabei den Stielansatz, die Kerne und den Saft entfernen. Die Tomatenhälften längs in Streifen schneiden und zum Abtropfen auf Küchenpapier legen.

4. Das halbe Sellerieherz in Stangen teilen, waschen, falls nötig, die Fäden abziehen. Die Stangen abtrocknen.

5. Die Stiele und den Wurzelansatz der Fenchelknollen zurückschneiden. Harte Außenblätter großzügig entfernen. Die Knollen waschen, abtrocknen und längs in Viertel oder Sechstel schneiden.

6. Von den Frühlingszwiebeln den Wurzelansatz und schlechte Außenblätter entfernen. Die grünen Blätter um ein Viertel zurückschneiden.

7. Vom Radicchio und vom Chicorée unansehnliche Außenblätter entfernen. Die Salate in einzelne Blätter zerlegen, diese nach Sorten getrennt waschen und trockenschleudern.

8. Das ganze Gemüse auf einer großen Platte anordnen.

9. Olivenöl und Weinessig in Karaffen, einen Salzstreuer und eine Pfeffermühle bereitstellen. Jeder Gast erhält ein Schälchen, in dem er nach seinem Geschmack eine Salatsauce mixen kann. Man dippt das Gemüse in diese Sauce.

Variante:
Bagna caoda
Mindestens 6 Knoblauchzehen schälen und in hauchdünne Scheibchen schneiden. Etwa 100 g Sardellenfilets ganz fein wiegen oder im Mörser zerstoßen. In einer Fonduepfanne aus Keramik 80 g Butter bei ganz schwacher Hitze schmelzen lassen. Den Knoblauch darin so lange rühren, bis er eine cremige Konsistenz annimmt, dann 1/4 l kaltgepreßtes Olivenöl angießen und zum Schluß die Sardellen unterrühren. 10 Minuten ziehen lassen, das Öl darf dabei nicht zum Sieden kommen. Zu Tisch bringen und auf einem Rechaud warm halten. Dazu reicht man Cardi (eine eßbare Distelart), Paprikaschoten, Bleichsellerie, Blumenkohl und helle Wirsingblätter. Das Gemüse putzen, waschen, abtrocknen und in mundgerechte Stücke teilen. Jeder Gast wählt nach Belieben sein Gemüse und tunkt es in die heiße Sauce.

Rohkost auf Italienisch: Pinzimonio präsentiert sich frisch, fruchtig und knackig und schmeckt nicht nur eingeschworenen Vegetariern.

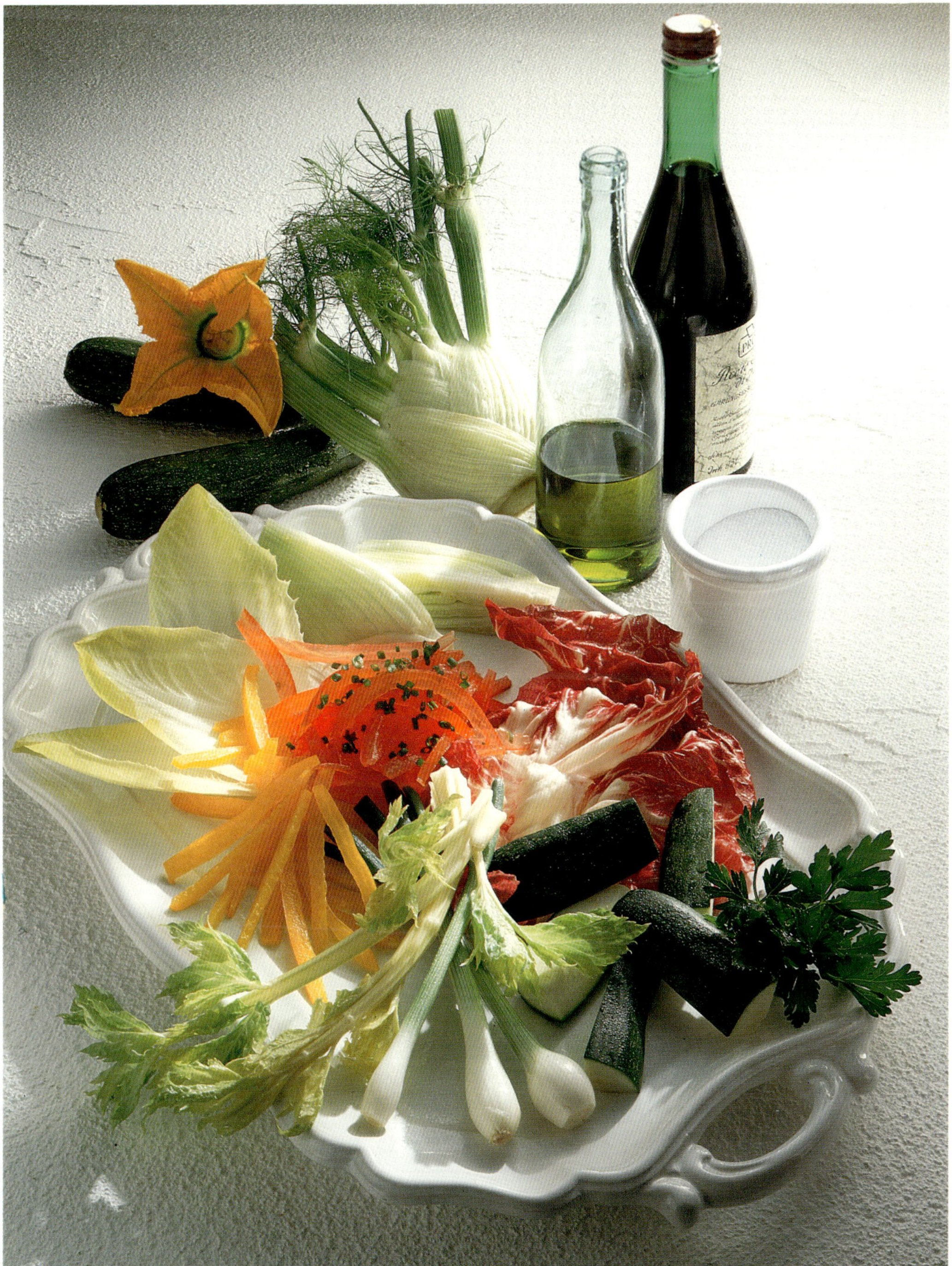

Insalata di funghi

Pilzsalat

Zutaten für 4 Personen:
450 g kleine, frische Steinpilze oder
Champignons
1 Bund Petersilie
6–8 Pfefferminzblättchen
1 Knoblauchzehe
4 Eßl. Olivenöl, kaltgepreßt
Salz
weißer Pfeffer, frisch gemahlen
Saft von 1 Zitrone

Gelingt leicht

Pro Portion etwa:
400 kJ/95 kcal
3 g Eiweiß · 9 g Fett
2 g Kohlenhydrate

- Zubereitungszeit: etwa
  30 Minuten

1. Die Pilze gründlich putzen, die erdigen Stellen sorgfältig entfernen. Die Pilze nur wenn nötig kurz abbrausen und trockentupfen.

2. Die Petersilie und die Pfefferminzblättchen waschen und trockentupfen. Die Knoblauchzehe schälen und mit den Kräutern zusammen fein hacken.

3. Das Olivenöl mit Salz, Pfeffer, der Petersilie, der Minze, dem Knoblauch und dem Zitronensaft zu einer Salatsauce verrühren.

4. Die Pilze feinblättrig schneiden (das geht gut mit dem Hobel), mit der Sauce mischen, dann sofort servieren.

Insalata di finocchi alle mandorle

Fenchelsalat mit Mandeln

Fenchel ist fast das ganze Jahr über relativ preiswert auf dem Markt. Er ist sehr vielseitig verwendbar. Salate aus den rohen oder gekochten Knollen sind in Italien beliebte Vorspeisen.

Zutaten für 4 Personen:
4 kleine, ganz frische Fenchelknollen
3 neue schlanke Möhren
2 Kopfsalate
1/2 Bund Petersilie
1/2 Bund Basilikum
Saft von 2 Zitronen
Salz
weißer Pfeffer, frisch gemahlen
6 Eßl. Olivenöl, kaltgepreßt
100 g Mandelstifte

Schnell • Gelingt leicht

Pro Portion etwa:
1400 kJ/330 kcal
10 g Eiweiß · 26 g Fett
16 g Kohlenhydrate

- Zubereitungszeit: etwa
  30 Minuten

1. Von den Fenchelknollen die Stiele und die Wurzelteller abschneiden. Harte Außenblätter entfernen. Die Knollen unter fließendem Wasser gut waschen, abtrocknen, halbieren und längs in ganz dünne Scheiben schneiden.

2. Die Möhren waschen, schaben und ebenfalls in ganz dünne Scheibchen schneiden oder hobeln.

3. Vom Salat die äußeren Blätter großzügig entfernen. Die inneren Blätter und die Herzen grob zerpflücken, gründlich waschen und trockenschleudern.

4. Die Petersilie und das Basilikum waschen, trockenschwenken und zusammen fein hacken.

5. Aus dem Zitronensaft, Salz, Pfeffer und dem Olivenöl eine Salatsauce rühren.

6. In einer Salatschüssel das Gemüse und den Salat mit den Mandeln mischen, gründlich mit der Sauce verrühren, dann die Kräuter darüber streuen und sofort servieren.

Bild oben: Insalata di funghi
Bild unten:
Insalata di finocchi alle mandorle

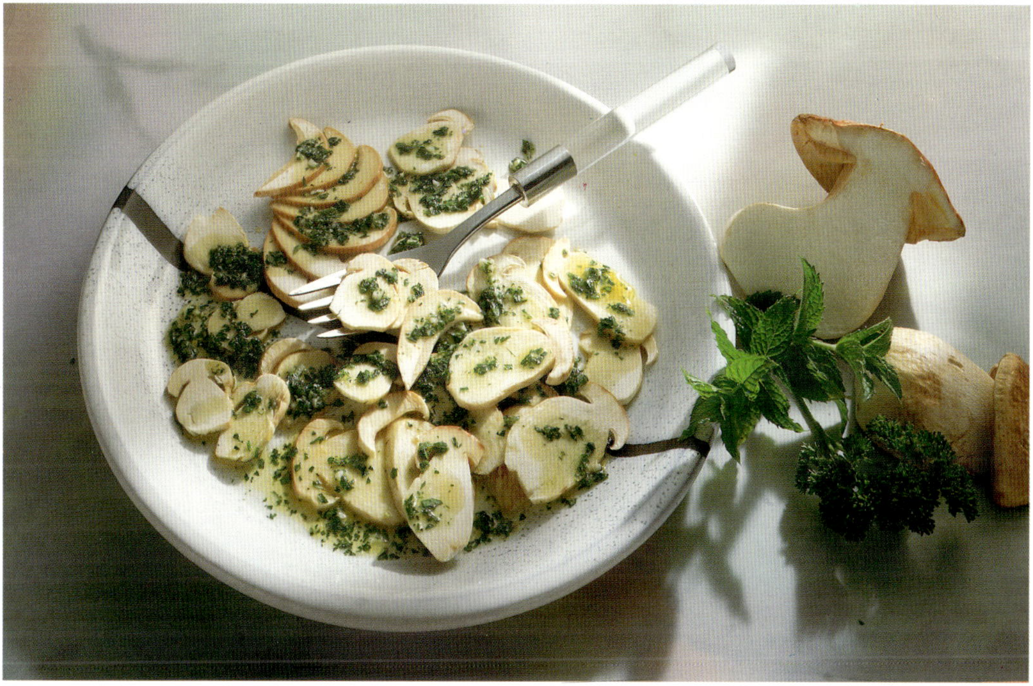

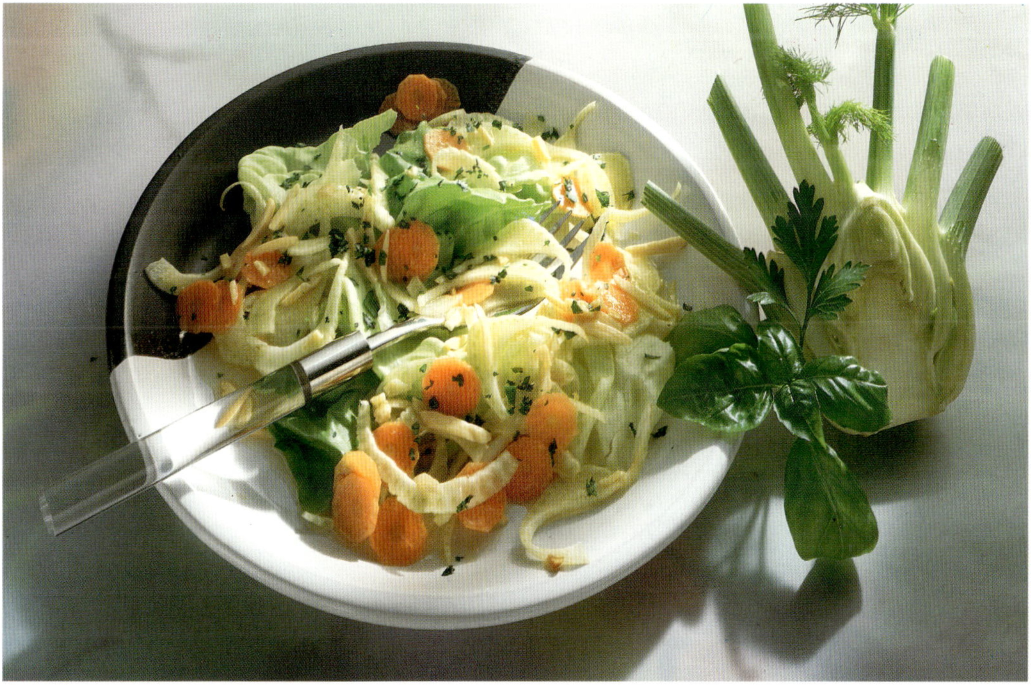

RAFFINIERTE ANTIPASTI MIT GEMÜSE

Insalata di porri alla rustica

Rustikaler Lauchsalat

Zutaten für 4 Personen:
1 kg gleichmäßige, mitteldicke Lauchstangen
100 g durchwachsener Räucherspeck
etwa 3/4 l Fleischbrühe
3 Zweige Petersilie
1/2 Zwiebel
3 Zweige Estragon
5 Eßl. Olivenöl, kaltgepreßt
Saft von 1 Zitrone
weißer Pfeffer, frisch gemahlen
Salz

Preiswert

Pro Portion etwa:
1400 kJ/330 kcal
8 g Eiweiß · 28 g Fett
11 g Kohlenhydrate

• Zubereitungszeit: etwa
  45 Minuten

1. Vom Lauch die dunkelgrünen Blätter und die Wurzelansätze abschneiden und die verbliebenen hellen Stangen in etwa 4 cm lange Stücke schneiden. Diese gründlich waschen und in eine Kasserolle legen.

2. Den Speck in kleine Würfel schneiden und zum Lauch geben. So viel Brühe angießen, daß das Gemüse gerade bedeckt ist. Die Petersilie dazugeben und das Gemüse bei schwacher Hitze zugedeckt »al dente« (bißfest) kochen. Das dauert etwa 30 Minuten.

3. Inzwischen die halbe Zwiebel schälen und klein würfeln. Den Estragon waschen, trockenschwenken und die Blättchen kleinhacken.

4. In einem Pfännchen 1 Eßlöffel Öl erhitzen, die Zwiebel und den Estragon darin zusammen etwa 5 Minuten bei schwacher Hitze braten.

5. Den Lauch in einem Sieb abtropfen lassen. Die Petersilie entfernen.

6. Lauch und Speck in eine Salatschüssel geben, mit dem restlichen Öl, dem Zitronensaft, Pfeffer und bei Bedarf mit Salz würzen. Die Zwiebel-Estragon-Mischung darüber verteilen. Zimmerwarm servieren.

Insalata di cavolfiore

Blumenkohlsalat

Zutaten für 4 Personen:
1 Blumenkohl (etwa 1 kg)
Salz
50 g schwarze Oliven
50 g grüne Oliven ohne Stein
50 g Cornichons
1 in Essig eingelegte Paprikaschote
8 Sardellenfilets
2 Knoblauchzehen
1 Eßl. Kapern
8 Eßl. Olivenöl, kaltgepreßt
2–3 Eßl. milder Weinessig
weißer Pfeffer, frisch gemahlen

Preiswert
Gelingt leicht

Pro Portion etwa:
1400 kJ/330 kcal
13 g Eiweiß · 29 g Fett
9 g Kohlenhydrate

• Zubereitungszeit: etwa
  1 1/2 Stunden (davon etwa
  1 Stunde Marinierzeit)

1. Den Blumenkohl in Röschen zerteilen, putzen, waschen und in Salzwasser knapp »al dente« kochen (er muß noch recht bißfest sein). Die Blumenkohlröschen dann in einem Sieb gut abtropfen lassen.

2. Inzwischen die schwarzen Oliven entkernen. Die grünen nach Belieben halbieren. Die Essiggurken in Scheibchen, die Paprikaschote in feine Streifen und die Sardellenfilets in Stücke schneiden. Den Knoblauch schälen und durchpressen.

3. Den Blumenkohl in eine Schüssel geben. Die Oliven, die Gurken, den Paprika, die Sardellen und die Kapern dazugeben.

4. Das Olivenöl mit dem Weinessig, dem Knoblauch und Pfeffer zu einer Sauce verrühren, diese über das Gemüse gießen. Vorsichtig mischen. Bei Zimmertemperatur etwa 1 Stunde ziehen lassen.

Im Bild oben:
Insalata di porri alla rustica
Im Bild unten: Insalata di cavolfiore

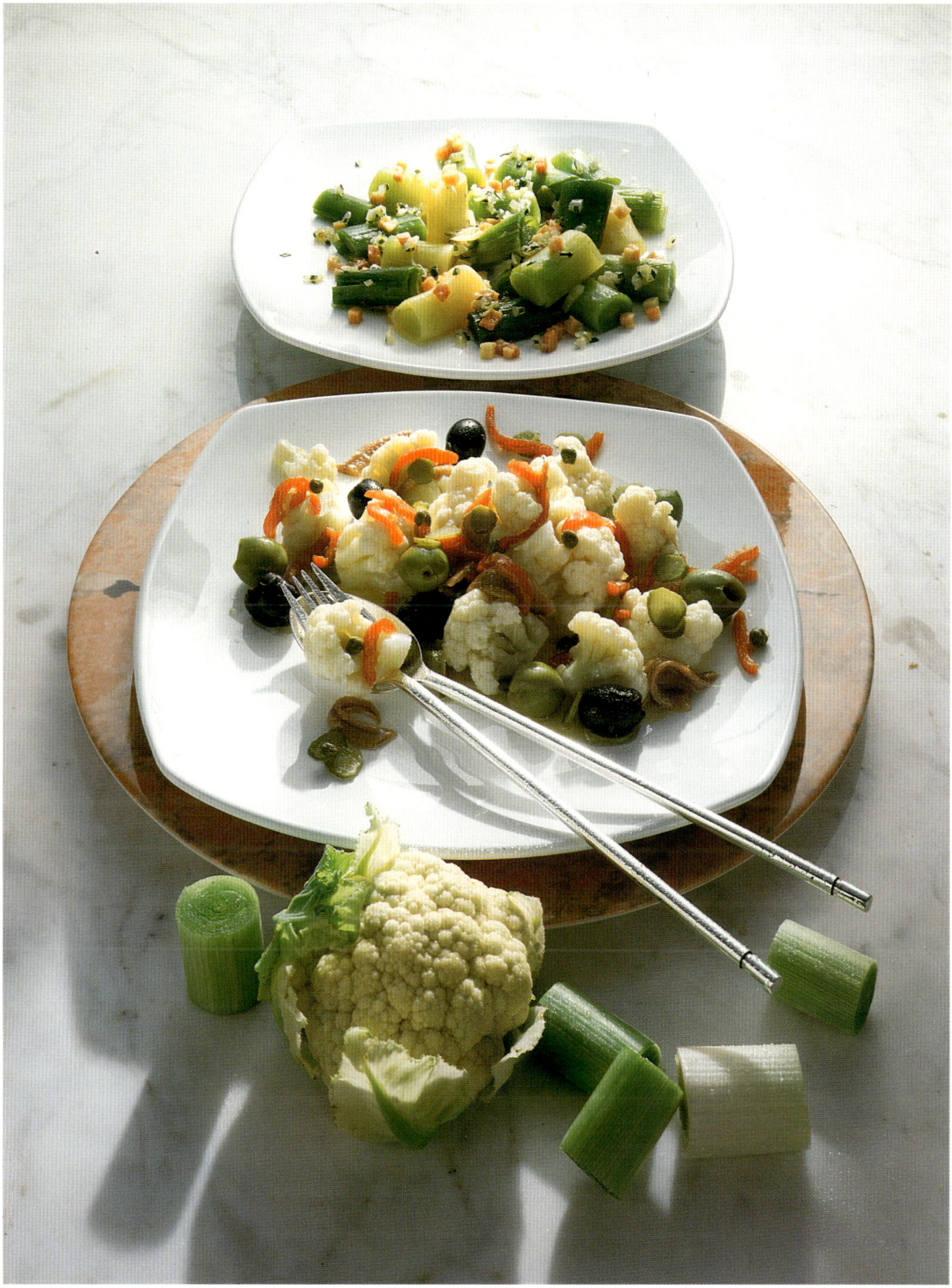

Coste in insalata

Salat aus Mangoldstielen

Zutaten für 4 Personen:
1 1/2 kg frischer Mangold mit
breiten, weißen Stielen
Saft von 1 Zitrone
1/8 l trockener Weißwein
Salz
2 Knoblauchzehen
1 Bund Basilikum
5 Eßl. Olivenöl, kaltgepreßt
2 Eßl. milder, aromatischer Weinessig
weißer Pfeffer, frisch gemahlen

Raffiniert

Pro Portion etwa:
750 kJ/180 kcal
6 g Eiweiß · 11 g Fett
10 g Kohlenhydrate

- Zubereitungszeit: etwa
4 1/2 Stunden (davon
etwa 3 1/2 Stunden
Marinierzeit)

1. Den Mangold waschen. Die Blätter von den Stielen trennen (das Grün für ein anderes Gericht verwenden). Das untere Ende der Stiele abschneiden. Die Stiele in etwa 5 cm lange Stücke schneiden, dann in eine Kasserolle geben, mit dem Zitronensaft und dem Wein begießen, so viel Wasser angießen, bis das Gemüse bedeckt ist, dann salzen.

2. Zugedeckt bei mittlerer Hitze so lange kochen, bis die Stiele gar, aber noch »al dente« (bißfest) sind (das dauert je nach Frische des Mangolds 20–30 Minuten).

3. Inzwischen den Knoblauch schälen. Das Basilikum waschen und trockenschwenken. Das Basilikum und den Knoblauch fein hacken. Das Gemüse gut abtropfen lassen.

4. Aus dem Olivenöl, dem Weinessig, dem Knoblauch und dem Basilikum eine Sauce rühren.

5. Die Mangoldstiele noch warm in eine Salatschüssel geben. Mit der Sauce mischen. Mit Pfeffer und nach Bedarf mit Salz abschmecken und durchrühren.

6. 3–4 Stunden zugedeckt im Kühlschrank ziehen lassen. Etwa 1 Stunde vor dem Servieren herausnehmen und zimmerwarm servieren.

Finocchi alle acciughe

Fenchel mit Sardellenfilets

Zutaten für 4 Personen:
4 mittelgroße Fenchelknollen
(etwa 750 g)
Salz
3 Knoblauchzehen
5 Sardellenfilets
4 Eßl. Olivenöl, kaltgepreßt
2 Eßl. Zitronensaft
weißer Pfeffer, frisch gemahlen

Gelingt leicht

Pro Portion etwa:
750 kJ/180 kcal
9 g Eiweiß · 11 g Fett
14 g Kohlenhydrate

- Zubereitungszeit: etwa
45 Minuten

1. Vom Fenchel die Stiele, den Wurzelansatz, braune Stellen und die harten Rippen entfernen, das Fenchelgrün aufbewahren. Die Knollen gründlich waschen und quer in fingerdicke Scheiben schneiden. Diese in Salzwasser »al dente« kochen, dann in einem Sieb abtropfen lassen.

2. Inzwischen die Knoblauchzehen schälen und die Sardellen fein hacken.

3. In einer Kasserolle das Öl erhitzen, den Knoblauch darin braten, bis er braun wird, dann entfernen. Die Sardellen bei schwacher Hitze unter Rühren leicht anbraten. Den Fenchel dazugeben, mit dem Zitronensaft, Salz und Pfeffer würzen und vorsichtig mischen. Bei ganz schwacher Hitze zugedeckt etwa 5 Minuten ziehen lassen.

4. Das Fenchelgrün waschen, trockenschwenken und kleinhacken.

5. Das Gemüse auf Zimmertemperatur abkühlen lassen, dann mit dem gehackten Fenchelgrün bestreut servieren.

Im Bild oben: Coste in insalata
Im Bild unten: Finocchi alle acciughe

Insalata di melanzane

Salat aus gekochten Auberginen

Zutaten für 4 Personen:
800 g kleine längliche Auberginen
Saft von 1 Zitrone
1/4 l trockener Weißwein
Salz
3 Knoblauchzehen
1 Eßl. Pfefferminzblättchen
6 Eßl. Olivenöl, kaltgepreßt
2–3 Eßl. Aceto balsamico
etwa 1 Messerspitze gemahlener Peperoncino (kleine scharfe Pfefferschote), ersatzweise Cayennepfeffer

Braucht etwas Zeit

Pro Portion etwa:
900 kJ/210 kcal
3 g Eiweiß · 13 g Fett
12 g Kohlenhydrate

- Zubereitungszeit: etwa
  2 1/2 Stunden (davon etwa
  2 Stunden Marinierzeit)

1. Die Auberginen waschen, die Stielansätze entfernen. Die Früchte in Scheiben schneiden. Die Auberginen in eine Kasserolle geben, mit dem Zitronensaft und dem Wein begießen. So viel Wasser dazugeben, daß das Gemüse bedeckt ist, salzen und zugedeckt so lange kochen, bis es knapp gar ist (das dauert 10–20 Minuten). Die Haut darf nicht mehr hart sein (Bißprobe).

2. Die Knoblauchzehen schälen und durchpressen. Die Minze waschen, trockentupfen und fein schneiden.

3. Aus dem Öl, dem Essig, etwas Salz, dem Knoblauch und dem Peperoncino eine Sauce rühren.

4. Die Auberginen in einem Sieb gut abtropfen lassen. Dann noch warm in eine Schüssel geben, vorsichtig mit der Sauce und der Minze mischen. Den Salat etwa 2 Stunden ziehen lassen.

Insalata di broccoli

Broccolisalat

Zutaten für 4 Personen:
800 g Broccoli
Salz
2 Eier
1 große reife, aber feste Fleischtomate
1 mittelgroße Lauchstange
1/2 Bund kleine feste Radieschen
1 Bund Petersilie
Saft von 1/2 Zitrone
5–6 Eßl. Olivenöl, kaltgepreßt
weißer Pfeffer, frisch gemahlen

Gelingt leicht

Pro Portion etwa:
1100 kJ/260 kcal
16 g Eiweiß · 19 g Fett
9 g Kohlenhydrate

- Zubereitungszeit: etwa
  45 Minuten

1. Den Broccoli in Röschen teilen. Die Stiele, soweit nötig, schälen und von unten kreuzweise tief einschneiden. Das Gemüse in leicht gesalzenem Wasser zugedeckt bei schwacher Hitze 10–12 Minuten »al dente« kochen. Dann herausnehmen, gut abtropfen lassen und in eine Schüssel geben.

2. Die Eier in etwa 10 Minuten hart kochen, in kaltem Wasser abschrecken, schälen und grob hacken. Die Tomaten kurz überbrühen, häuten und ohne Saft und Kerne in 2 cm große Stücke schneiden.

3. Vom Lauch die grünen Blätter und den Wurzelansatz abschneiden. Die helle Stange längs halbieren, gründlich waschen, trockentupfen und in ganz dünne Scheibchen schneiden. Die Radieschen ohne Blätter und Wurzelansatz grob hacken. Die Petersilie waschen, trockenschwenken und kleinhacken.

4. Aus dem Zitronensaft, Salz, Pfeffer und dem Olivenöl eine pikante Salatsauce rühren.

5. Die Eier, den Lauch, die Tomate, die Radieschen und die Petersilie in einer Schüssel mischen, dann über dem Broccoli verteilen.

6. Die Sauce über den Salat träufeln, diesen erst bei Tisch vorsichtig mischen.

Bild oben: Insalata di melanzane
Bild unten: Insalata di broccoli

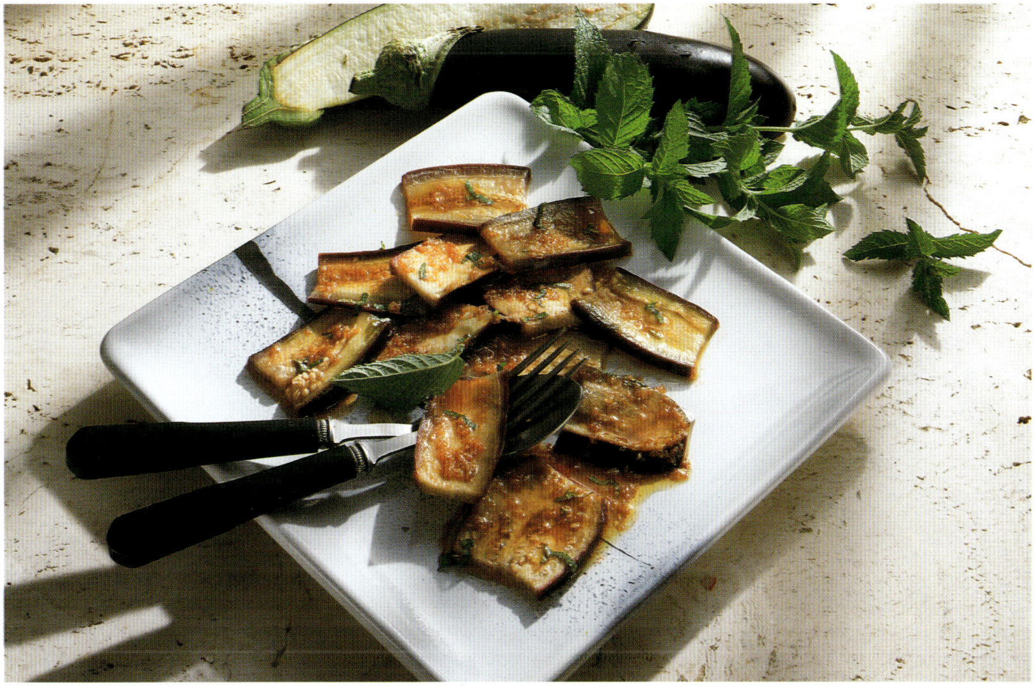

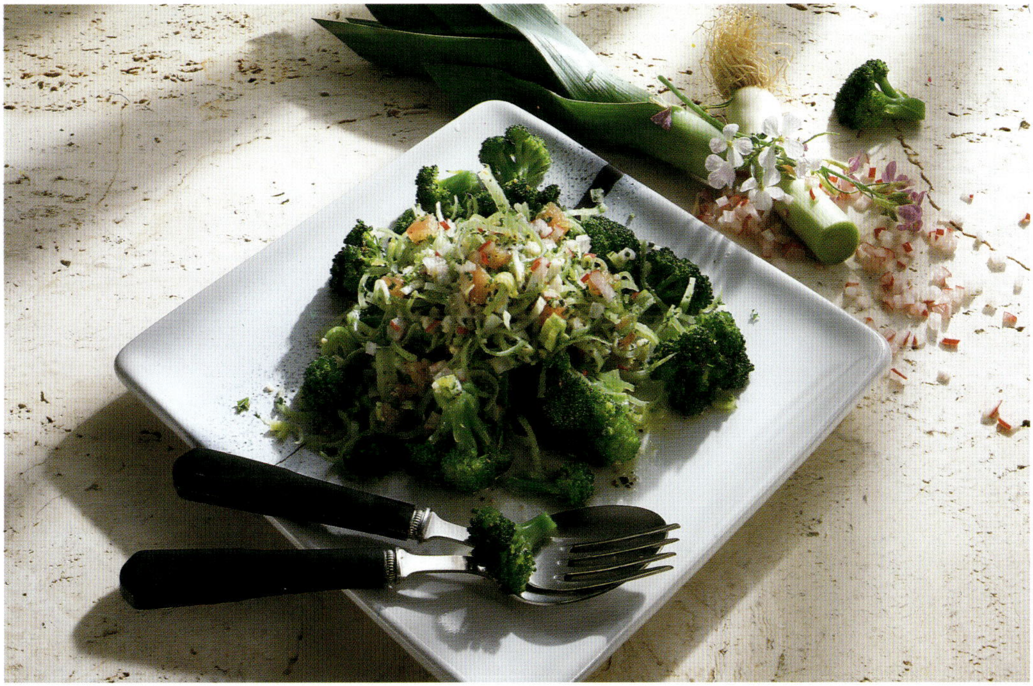

Caponata

Gemüsetopf aus Palermo

Zutaten für 4–6 Personen:

650 g Auberginen

Salz

2 Eßl. ungeschwefelte Sultaninen

350 g Fleischtomaten

Herz von 1 kleinen Bleichsellerie

100 g grüne Oliven ohne Stein

350 g Zwiebeln

8 Eßl. Olivenöl

2 Eßl. Pinienkerne

2 Eßl. Kapern

schwarzer Pfeffer, frisch gemahlen

4 Eßl. Aceto balsamico

1 Prise Zucker

Raffiniert • Gelingt leicht

Bei 6 Portionen pro Portion etwa:
1100 kJ/260 kcal
4 g Eiweiß · 21 g Fett
16 g Kohlenhydrate

- Zubereitungszeit: etwa
  1 1/2 Stunden

1. Die Auberginen in kleine Würfel schneiden. Dann mit Salz bestreuen, in ein Sieb geben und etwa 30 Minuten ruhen lassen. Die Sultaninen etwa 15 Minuten in lauwarmem Wasser einweichen.

2. Die Tomaten kurz überbrühen, häuten und vierteln. Ohne die Stielansätze und die Kerne grob zerkleinern. Die Stangen des Bleichselleries in etwa 2 cm lange Stücke schneiden, dann etwa 5 Minuten in kochendem Wasser blanchieren (überbrühen und sprudelnd kochen), dann abtropfen lassen. Die Oliven halbieren oder grob zerkleinern. Die Zwiebeln in dünne Ringe schneiden.

3. In einer Kasserolle 3 Eßlöffel Öl erhitzen, die Zwiebelringe bei mittlerer Hitze darin weich braten (nicht braun werden lassen). Die Sultaninen ausdrücken, dann mit den Tomaten, dem Sellerie, den Oliven, den Pinienkernen und den Kapern dazugeben. Alles mit Salz und Pfeffer würzen und zugedeckt bei schwacher Hitze etwa 30 Minuten garen.

4. Die Auberginen kurz abbrausen, gut ausdrücken und trockentupfen. In einer Pfanne das restliche Olivenöl erhitzen. Die Auberginenwürfel darin bei relativ starker Hitze rundum goldbraun braten, dann unter das Gemüse mischen.

5. Den Aceto balsamico und den Zucker zum Gemüse geben und dieses offen bei mittlerer Hitze weiterschmoren, bis der Essig verdampft ist. Ausgekühlt servieren.

Funghi trifolati

»Getrüffelte« Pilze

Zutaten für 4 Personen:

750 g Austernpilze oder

Champignons

3 Knoblauchzehen

1 Bund Petersilie

5 Eßl. Olivenöl

Salz

weißer Pfeffer, frisch gemahlen

Schnell • Gelingt leicht

Pro Portion etwa:
650 kJ/150 kcal
6 g Eiweiß · 13 g Fett
3 g Kohlenhydrate

- Zubereitungszeit: etwa
  35 Minuten

1. Die Pilze putzen, wenn nötig, kurz kalt abbrausen und trockentupfen. In Streifen oder Scheibchen schneiden. Den Knoblauch schälen und kleinhacken. Die Petersilie waschen, trockenschütteln und fein hacken.

2. In einer Kasserolle das Öl leicht erhitzen, den Knoblauch darin etwa 5 Minuten bei schwacher Hitze anbraten (er darf dabei nicht braun werden). Dann die Pilze bei relativ starker Hitze so lange mitbraten, bis die Flüssigkeit verdampft ist und die Pilze gar sind. Das dauert je nach Flüssigkeitsgehalt 10–15 Minuten.

3. Die Hälfte der Petersilie untermischen und kurz mitdünsten. Die Pilze mit Salz und Pfeffer würzen, dann auskühlen lassen.

4. Vor dem Servieren mit der restlichen Petersilie bestreuen.

Im Bild oben: Caponata
Im Bild unten: Funghi trifolati

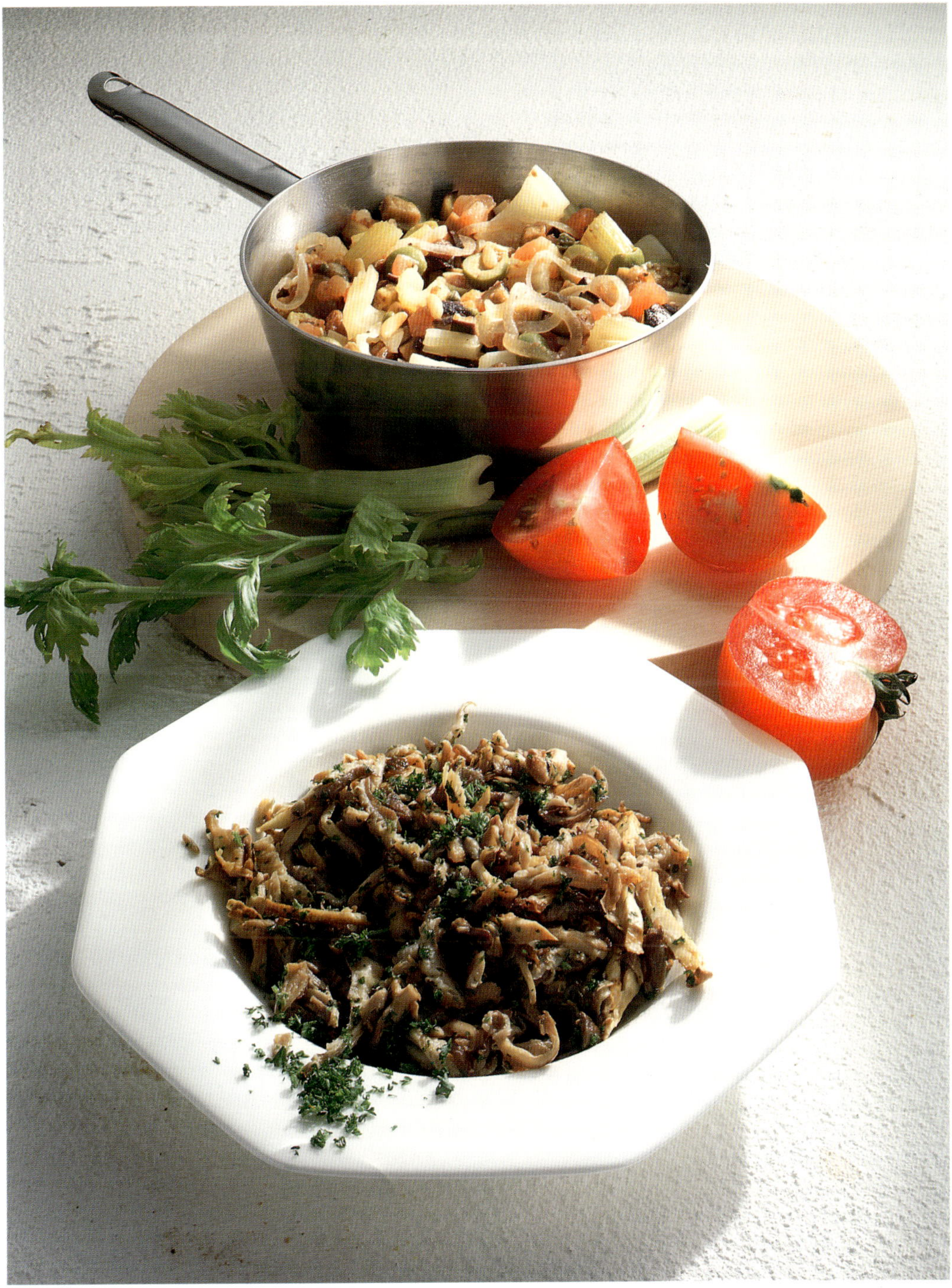

Carciofi alla toscana

Geschmorte gefüllte Artischocken

Man nennt diese köstliche Vorspeise in der Toskana »carciofi ritti«, weil die Artischocken »diritti«, also aufrecht in den Topf gesetzt werden.

Zutaten für 4 Personen:
8 junge, fleischige Artischocken
Saft von 1 Zitrone
4 Knoblauchzehen
1 Bund Petersilie
125 g gut durchwachsener Räucherspeck ohne Schwarte
Salz
schwarzer Pfeffer, frisch gemahlen
1/8 l Olivenöl
6 Eßl. trockener Weißwein
1 Zitrone zum Garnieren

Für Gäste

Pro Portion etwa:
1900 kJ/450 kcal
4 g Eiweiß · 43 g Fett
8 g Kohlenhydrate

• Zubereitungszeit: etwa
2 Stunden

Tips!

Junge Artischocken dürfen keine braunen Flecken haben. Und so werden sie gegessen: Zuerst mit den Fingern die Blätter mit Füllung lösen und dann den Boden mit Messer und Gabel essen.

1. Von den Artischocken welke und harte Außenblätter entfernen. Die Stiele kürzen. Mit der Schere das obere Drittel der Blätter abschneiden. Die Artischocken in kaltes, mit dem Zitronensaft gesäuertes Wasser legen. Die Knoblauchzehen schälen. Die Petersilie mit dem Knoblauch und dem Speck zusammen fein hacken.

2. Den Backofen auf 190° vorheizen. Die Artischocken in dem Wasser etwa 10 Minuten kochen. Herausnehmen, abkühlen lassen und abtrocknen. Die Blätter auseinanderbiegen und das »Heu« in der Mitte entfernen. Den Knoblauch, die Petersilie und den Speck in der Mitte und zwischen den Artischockenblättern verteilen.

3. In einer Kasserolle mit Deckel, die so groß ist, daß die Artischocken gerade nebeneinander darin Platz finden, die Früchte aufrecht hineinsetzen. Mit Salz und reichlich Pfeffer würzen. Mit dem Olivenöl beträufeln.

4. Zugedeckt im Backofen etwa 15 Minuten garen. Dann den Wein angießen und in 25–35 Minuten fertig schmoren (die Schmorzeit hängt von Frische und Alter des Gemüses ab). Wenn sich die Blätter leicht herausziehen lassen, sind die Artischocken gar. Warm oder ausgekühlt mit Zitronenachteln garniert servieren.

Peperoni arrostiti

Gebratene Paprikaschoten

Das Gemüse schmeckt am besten, wenn Sie es schon am Vorabend zubereiten. Sie können auch die Sardellen weglassen und sie in Öl eingelegt, extra dazu reichen.

Zutaten für 4 Personen:
je 2 rote und gelbe, große fleischige
Paprikaschoten (insgesamt
etwa 850 g)
1 Bund Petersilie
4 Knoblauchzehen
2–3 Sardellenfilets
Salz
reichlich Olivenöl, kaltgepreßt,
zum Beträufeln

Braucht etwas Zeit

Pro Portion etwa:
1200 kJ/290 kcal
6 g Eiweiß · 27 g Fett
8 g Kohlenhydrate

- Zubereitungszeit: etwa
  7 Stunden (davon etwa
  6 Stunden Marinierzeit)

Tip!

Wenn Sie die gebratenen Paprikaschoten mit Olivenöl bedecken, können Sie sie gut 1 Woche im Kühlschrank aufbewahren.

1. Den Backofen auf 225° vorheizen. Die Paprikaschoten längs halbieren, die Stielansätze, die Kerne und die weißen Rippen entfernen. Die Schoten waschen, abtrocknen, dann mit der gewölbten Seite nach oben auf den Rost in den Backofen (oben) legen. Etwa 20 Minuten rösten, bis die Haut runzlig und dunkel wird.

2. Die Schoten aus dem Ofen nehmen und auskühlen lassen. Dann die Haut abziehen. Die geschälten Schoten mit einem trockenen Tuch leicht abreiben, um jede Spur der verbrannten Haut zu entfernen. Dann die Paprikahälften in 2–3 cm breite Streifen schneiden.

3. Während die Schoten rösten, die Petersilie waschen und trockenschwenken. Die Knoblauchzehen schälen, mit der Petersilie und den Sardellenfilets zusammen fein hacken.

4. Die Paprikaschoten lagenweise in eine passende Schüssel schichten, jede Lage leicht salzen, mit Knoblauch, Petersilie und Sardellen bestreuen, mit dem Olivenöl beträufeln. Über die letzte Lage soviel Olivenöl gießen, daß das Gemüse bedeckt ist. Mindestens 6 Stunden zugedeckt in den Kühlschrank stellen.

Verdura alla salernitana

Gemüsetopf aus Salerno

Zutaten für 6 Personen:
500 g Auberginen
Salz
1 große Zwiebel
1 Bund Basilikum
500 g Fleischtomaten
500 g Paprikaschoten
500 g Zucchini
6 EßI. Olivenöl
2 EßI. Kapern
etwa 1 Messerspitze gemahlener
Peperoncino (kleine scharfe Pfefferschote), ersatzweise Cayennepfeffer

Gelingt leicht

Pro Portion etwa:
640 kJ/150 kcal
5 g Eiweiß · 9 g Fett
12 g Kohlenhydrate

- Zubereitungszeit: etwa
1 3/4 Stunden

1. Die Auberginen waschen, die Stielansätze entfernen. Die Früchte in Würfel schneiden, mit Salz bestreuen, in ein Sieb geben und etwa 30 Minuten ziehen lassen.

2. Die Zwiebel schälen und grob hacken. Das Basilikum kleinschneiden. Die Tomaten kurz mit kochendem Wasser überbrühen, häuten und ohne die Stielansätze und die Kerne kleinhacken. Die Paprikaschoten waschen, halbieren und in fingerbreite Streifen schneiden. Die Zucchini waschen und ohne die Stiel- und Blütenansätze würfeln.

3. In einer Kasserolle das Öl erhitzen, die Zwiebel darin bei mittlerer Hitze weich braten. Die Tomaten und das Basilikum dazugeben und bei schwacher Hitze etwa 10 Minuten zugedeckt schmoren.

4. Die Auberginen abbrausen, mit dem Handballen gut ausdrücken, dann mit den Zucchini, den Paprika und den Kapern in die Tomatensauce geben. Mit Salz und dem Peperoncino würzen. Zugedeckt bei schwacher Hitze etwa 30 Minuten schmoren lassen. Ab und zu umrühren.

5. Das Gericht vor dem Servieren auskühlen lassen.

Insalata di fagioli

Bohnensalat mit Thunfisch

Zutaten für 4 Personen:
200 g getrocknete weiße Bohnenkerne
1 weiße Gemüsezwiebel
1 EßI. Kapern
200 g Thunfisch in Öl (Nettoeinwaage)
2 EßI. aromatischer Weinessig
Salz
weißer Pfeffer, frisch gemahlen
6 EßI. Olivenöl, kaltgepreßt
1 Bund Petersilie
das Herz von 1 Kopfsalat

Braucht etwas Zeit

Pro Portion etwa:
1700 kJ/400 kcal
22 g Eiweiß · 21 g Fett
32 g Kohlenhydrate

- Einweich- und Marinierzeit: etwa 12 Stunden
- Zubereitungszeit: etwa 2 3/4 Stunden (davon etwa 1 Stunde Marinierzeit)

1. Die Bohnenkerne etwa 12 Stunden in Wasser einweichen. Im Einweichwasser bei schwacher Hitze etwa 1 1/2 Stunden garen. Die gekochten Bohnen in einem Sieb gut abtropfen lassen, dann in eine Salatschüssel geben.

2. Inzwischen die Zwiebel schälen und mit den Kapern zusammen sehr fein hacken. Den Thunfisch abtropfen lassen, dann in kleine Stücke teilen.

3. Aus dem Essig, Salz, Pfeffer und dem Öl eine gut gewürzte Sauce anrühren und mit den noch warmen Bohnen mischen. Dann die Zwiebel und die Kapern mit dem Salat vermengen. Mindestens eine Stunde marinieren lassen. Die Petersilie kleinhacken.

4. Vor dem Servieren das Salatherz in Streifen schneiden. Mit den Thunfischstückchen unter die Bohnen heben und den Salat mit der Petersilie bestreuen.

Im Bild oben:
Verdura alla salernitana
Im Bild unten: Insalata di fagioli

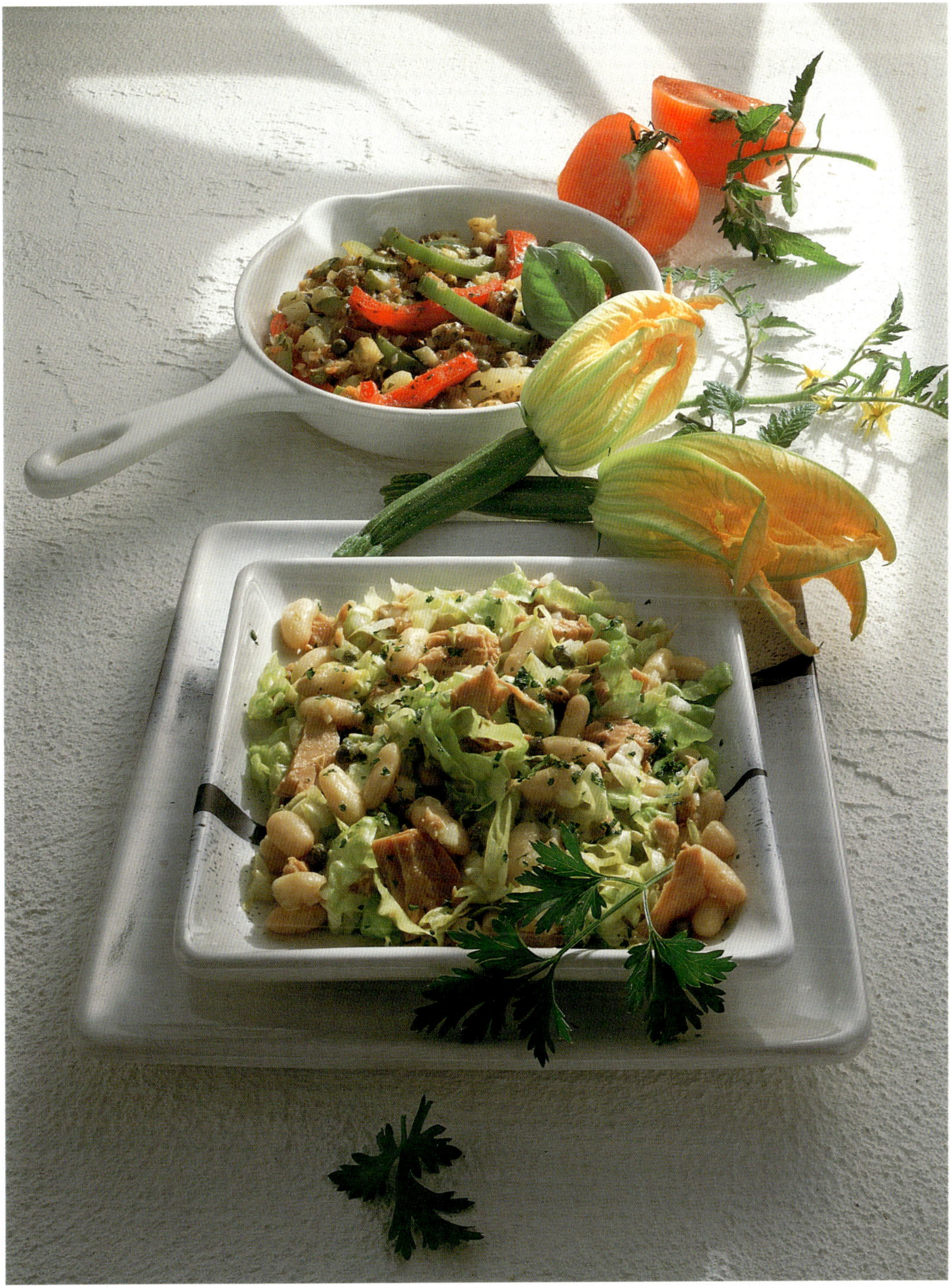

Melanzane ai funghetti

Auberginen-Tomaten-Gemüse

Zutaten für 5 Personen:
750 g junge Auberginen
Salz
500 g reife Fleischtomaten
3 Knoblauchzehen
5 Eßl. Olivenöl
1 1/2 Eßl. Kapern
etwa 1 Messerspitze gemahlener
Peperoncino (kleine scharfe Pfefferschote), ersatzweise Cayennepfeffer
1/2 Teel. getrockneter Oregano

Gelingt leicht

Pro Portion etwa:
540 kJ/130 kcal
3 g Eiweiß · 9 g Fett
10 g Kohlenhydrate

- Zubereitungszeit: etwa
  1 1/4 Stunden

1. Von den Auberginen die Stielansätze entfernen, die Früchte waschen und ungeschält in etwa 2 cm große Würfel schneiden. Mit Salz bestreuen, in ein Sieb geben und etwa 30 Minuten ruhen lassen.

2. Die Tomaten mit kochendheißem Wasser überbrühen, kurz ziehen lassen, häuten und vierteln, dabei die Stielansätze und die Kerne entfernen. Das Fruchtfleisch grob hacken.

3. Den Knoblauch fein hacken.

4. Die Auberginen kurz abbrausen, ausdrücken und mit Küchenpapier abtrocknen.

5. In einer Kasserolle das Öl erhitzen, den Knoblauch ganz kurz darin anbraten (er darf dabei nicht braun werden). Dann die Auberginenwürfel dazugeben und unter ständigem Rühren bei starker Hitze rundum etwa 10 Minuten braten.

6. Die Tomaten und die Kapern unter die Auberginen mischen. Mit dem Peperoncino, dem Oregano und bei Bedarf mit etwas Salz würzen. Die Hitze stark reduzieren. Das Gemüse zugedeckt langsam garen. Es soll dabei nicht zerkochen, die Auberginenschalen müssen jedoch weich sein (Bißprobe).

7. Die Auberginen abkühlen lassen, dann zimmerwarm servieren.

Zucchini a scapece

Marinierte Zucchini

Zutaten für 4 Personen:
750 g kleine feste Zucchini
3–4 Knoblauchzehen
etwa 3 Eßl. frische Pfefferminzblättchen
etwa 1/8 l Olivenöl
Salz
2–3 Eßl. milder, aromatischer
Weißweinessig
etwa 1 Messerspitze gemahlener
Peperoncino (kleine scharfe Pfefferschote), ersatzweise Cayennepfeffer
Olivenöl, kaltgepreßt, zum Beträufeln

Raffiniert
Braucht etwas Zeit

Pro Portion etwa:
2000 kJ/480 kcal
4 g Eiweiß · 49 g Fett
8 g Kohlenhydrate

- Zubereitungszeit: etwa
  45 Minuten
- Marinierzeit: etwa 2 Tage

1. Die Zucchini waschen, abtrocknen und in gleichmäßige, etwa 3 mm dicke Scheiben schneiden. Auf Küchenpapier abtropfen lassen. Die Knoblauchzehen fein hacken. Die Pfefferminzblättchen kleinschneiden.

2. In einer breiten Pfanne portionsweise das Olivenöl erhitzen. Die Zucchinischeibchen in mehreren Portionen bei relativ starker Hitze auf beiden Seiten darin knusprig braten. Herausheben und auf Küchenpapier auslegen. Mit Salz bestreuen.

3. Die Zucchini lagenweise in eine kleine Schüssel füllen. Jede Lage mit Knoblauch, Pfefferminze, Weinessig und einem Hauch Peperoncino würzen. Zum Schluß mit dem Olivenöl beträufeln.

4. Die Zucchini mit einem passenden Teller bedecken und diesen mit einem Gewicht beschweren. Mindestens 2 Tage im Kühlschrank marinieren lassen. Zimmerwarm servieren.

Im Bild oben: Melanzane ai funghetti
Im Bild unten: Zucchini a scapece

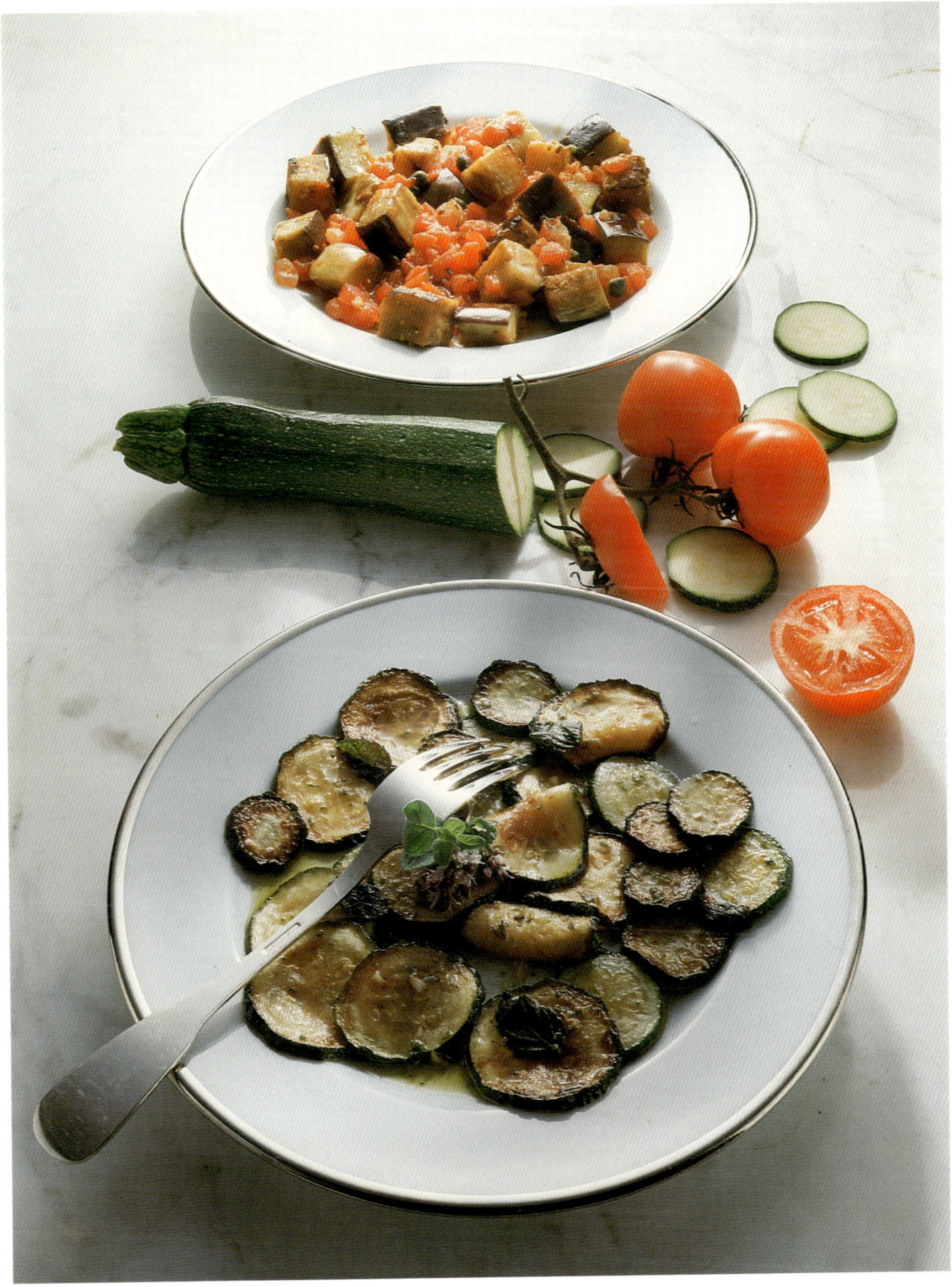

Frittata di bietole

Mangoldomelette

Zutaten für 4 Personen:
1 kg Mangold (ersatzweise Spinat)
Salz
100 g Weißbrotkrume
2 Knoblauchzehen
6 Eier
1 Messerspitze getrockneter
Majoran
weißer Pfeffer, frisch gemahlen
100 g Parmesan, frisch gerieben
6 Eßl. Olivenöl

Preiswert

Pro Portion etwa:
2300 kJ/550 kcal
36 g Eiweiß · 38 g Fett
20 g Kohlenhydrate

- Zubereitungszeit: etwa
  45 Minuten

1. Den Mangold putzen, die Stiele kürzen. Braune Stellen und welke Blatteile entfernen, gut waschen. In einem großen Topf mit leicht gesalzenem Wasser 15–20 Minuten bei schwacher Hitze kochen. In ein Sieb gießen und abtropfen lassen.

2. Die Weißbrotkrume kurz in Wasser einweichen, dann gut ausdrücken. Den Knoblauch schälen und fein hacken.

3. Das abgekühlte Gemüse in einem Sieb mit der flachen Hand so auspressen, daß es möglichst frei von Wasser ist. Blätter und Stiele in feine Streifen schneiden.

4. In einer Schüssel die Eier leicht verquirlen, dann den Knoblauch, die Gewürze, Salz, das Brot und den Käse gut unterrühren. Den Mangold gründlich mit der Masse vermischen.

5. In einer Omelettpfanne 3 Eßlöffel Öl erhitzen, die Eier-Gemüse-Mischung hineingießen und bei starker Hitze leicht rühren, bis sie zu stocken beginnt. Dann die Hitze sofort reduzieren. Mit einem Kochlöffel die Frittata vom Pfannenrand lösen, die Pfanne leicht schütteln. Sobald die Unterseite goldbraun ist (durch leichtes Anheben feststellen), die Frittata mit Hilfe eines Deckels wenden. Dabei das restliche Öl in die Pfanne gießen. Die Frittata bei schwacher Hitze fertigbraten. Sie soll außen leicht gebräunt sein, muß innen aber noch feucht sein.

6. Die Frittata am besten warm (nicht heiß) oder ausgekühlt zu Tisch bringen.

Varianten:

Frittata con le cipolle

500 g große Gemüsezwiebeln in Scheiben schneiden. In 2 Eßlöffeln Olivenöl anbraten. Mit Salz, weißem Pfeffer und 1/2 Teelöffel getrocknetem Oregano würzen. Zugedeckt bei ganz schwacher Hitze garen (nicht bräunen lassen). Ausgekühlt in einem Sieb mit 4 Eiern verquirlen. Eventuell nachwürzen. Backen, wie im Rezept beschrieben.

Frittata di zucchini

75 g Räucherspeck klein würfeln. 2 Zwiebeln in dünne Ringe, 250 g Zucchini in feine Scheiben schneiden. In einer Pfanne 1 Eßlöffel Butter erhitzen, die Speckwürfel darin auslassen, dann herausnehmen. In dem Bratfett die Zwiebelringe unter Rühren bei schwacher Hitze leicht gelb werden lassen. Dann die Zucchinischeibchen dazugeben, mit Salz und weißem Pfeffer würzen und etwa 10 Minuten unter Rühren weiterbraten. Auskühlen lassen. Die Eier leicht verschlagen, dann den Speck, die Zucchini und die Zwiebeln dazugeben, mit Salz und Pfeffer abschmekken und gut mischen. Wie im Rezept beschrieben aus dieser Masse in einer Pfanne in 2 Eßlöffeln Butter eine Frittata backen.

Eine üppige Kreation mit Mangold: Die Frittata di bietole paßt am besten in ein rustikales Menü.

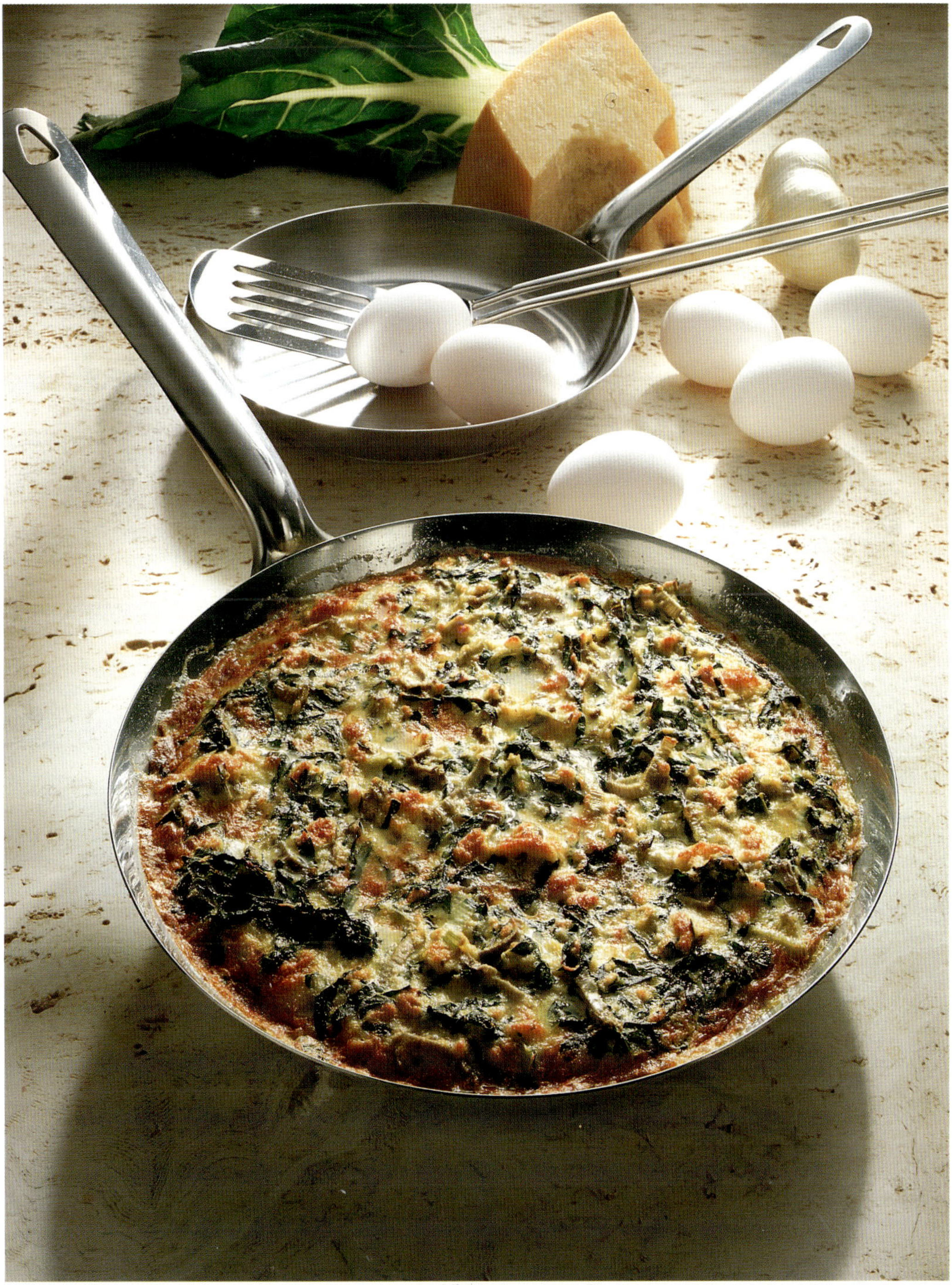

Uova alla napoletana

Hartgekochte Eier in Tomatensauce

Zutaten für 4 Personen:
4 reife Fleischtomaten
3 Zweige Basilikum
3 Sardellenfilets
1 Knoblauchzehe
3 Eßl. Olivenöl
1 Messerspitze getrockneter Oregano
Salz
1 Prise gemahlener Peperoncino (kleine scharfe Pfefferschote), ersatzweise Cayennepfeffer
4 Eier

Schnell

Pro Portion etwa:
1100 kJ/260 kcal
18 g Eiweiß · 20 g Fett
6 g Kohlenhydrate

• Zubereitungszeit: etwa 35 Minuten

1. Die Tomaten überbrühen, häuten und das Fruchtfleisch kleinhacken. Das Basilikum kleinschneiden. Die Sardellenfilets kleinhacken und mit einer Gabel zerdrücken. Den Knoblauch schälen und durchpressen.

2. Das Olivenöl in einer flachen Kasserolle, die Sie auch zu Tisch bringen können, erhitzen. Den Knoblauch darin leicht anbraten, dann die zerdrückten Sardellen kurz mitbraten. Die Tomaten, das Basilikum und den Oregano dazugeben. Alles mit Salz und dem Peperoncino würzen und bei schwacher Hitze offen etwa 15 Minuten köcheln.

3. Die Eier in etwa 8 Minuten hart kochen, kalt abschrecken und längs halbieren. Die Eihälften kreisförmig in der Sauce anordnen. Zugedeckt etwa 5 Minuten bei schwacher Hitze darin ziehen lassen, dann in der Kasserolle servieren.

Canapé di uova e spinaci

Canapé mit Spinat und Ei

Zutaten für 4 Personen:
400 g Spinat
3–4 Schalotten oder 1 Zwiebel
50 g Butter
Salz
weißer Pfeffer, frisch gemahlen
4 Scheiben Weißbrot vom Vortag
4 Eßl. Essig
4 ganz frische Eier
75 g Emmentaler, frisch gerieben

Etwas schwierig

Pro Portion etwa:
1700 kJ/400 kcal
23 g Eiweiß · 28 g Fett
13 g Kohlenhydrate

• Zubereitungszeit: etwa 45 Minuten

1. Den Spinat verlesen und mehrmals in kaltem Wasser waschen. Tropfnaß in eine Kasserolle geben und zugedeckt bei schwacher Hitze dämpfen, bis die Blätter zusammenfallen. Abtropfen lassen und auspressen, dann fein hacken.

2. Den Backofen auf 220° vorheizen. Die Schalotten fein hacken. Die Schalotten in der Butter weich braten, dann den Spinat untermischen. Salzen und pfeffern. Etwa 5 Minuten bei schwacher Hitze ziehen lassen.

3. Aus dem Weißbrot mit einer Ausstechform von etwa 8 cm Durchmesser 4 runde Scheiben ausstechen. Das Brot im Toaster kurz rösten, dann den Spinat darauf verteilen. Den Backofen auf 250° schalten oder den Grill einstellen.

4. Eine breite, große Kasserolle etwa 8 cm hoch mit Wasser füllen, 1 Teelöffel Salz und den Essig einrühren. Das Wasser aufkochen, dann den schwächsten Hitzegrad einstellen. Die Eier einzeln in eine Tasse schlagen und in das schwach kochende Wasser gleiten lassen. Mit einem Löffel möglichst das Eiweiß an das Eigelb heranschieben. Nach etwa 4 Minuten die Eier herausnehmen, abtropfen lassen und die unregelmäßigen Eiränder glattschneiden. Die Eier auf die Brotscheiben legen.

5. Mit Salz und Pfeffer würzen. Mit dem Käse bestreuen und im Backofen (oben) oder unter dem Grill 3–4 Minuten gratinieren.

Bild oben: Uova alla napoletana
Bild unten: Canapé di uova e spinaci

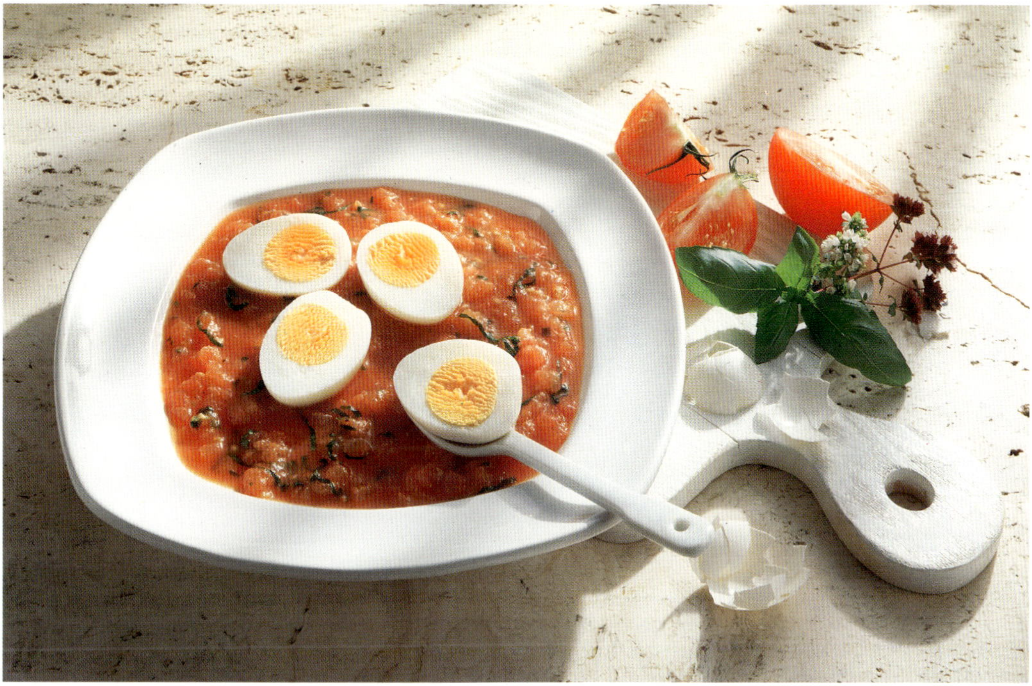

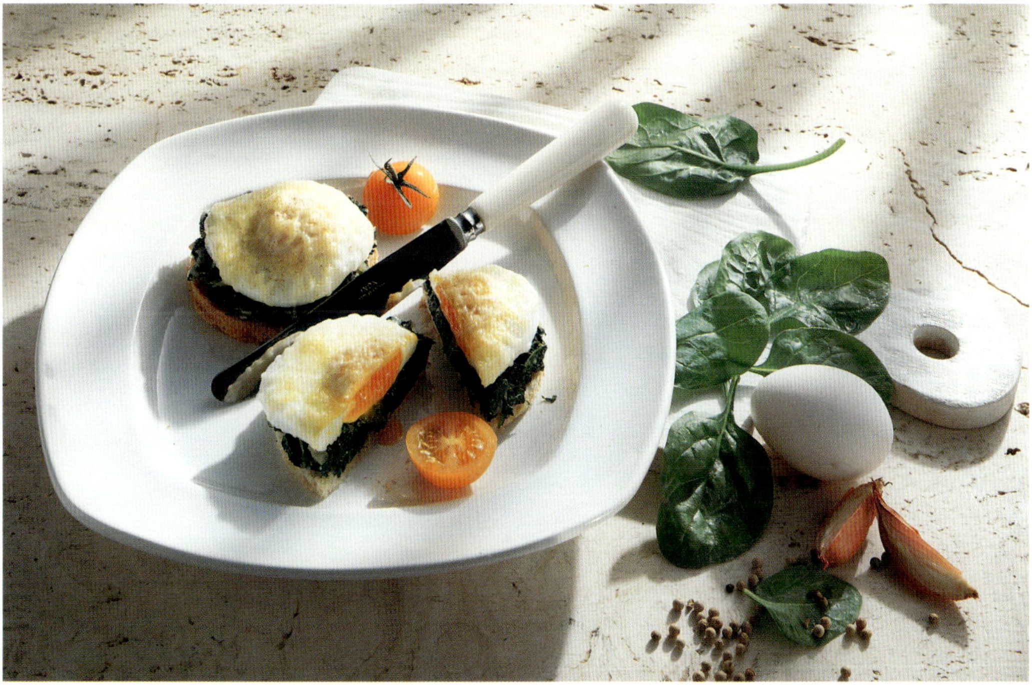

Pesce alla pizzaiola

Fische mit pikanter Sauce

Zutaten für 4 Personen:
2 Knoblauchzehen
2 Bund Petersilie
6 Sardellenfilets
1 kg reife Tomaten
4 Scheiben Kabeljaufilet (je etwa 150 g)
Salz
schwarzer Pfeffer, frisch gemahlen
2 Lorbeerblätter
6–7 Eßl. Olivenöl

Braucht etwas Zeit

Pro Portion etwa:
1100 kJ/260 kcal
13 g Eiweiß · 32 g Fett
7 g Kohlenhydrate

- Zubereitungszeit: etwa 4 Stunden (davon etwa 2 Stunden Marinierzeit)

1. Den Knoblauch, die Petersilie und die Sardellen fein hacken. Die Tomaten kochendheiß überbrühen, häuten, vierteln und ohne Kerne und Stielansätze klein würfeln.

2. Den Fisch salzen und pfeffern. Den Lorbeer grob zerkleinern. Aus 5 Eßlöffeln Olivenöl, der Petersilie und dem Lorbeer eine Marinade rühren. Den Fisch damit bestreichen und etwa 2 Stunden ziehen lassen. Zwischendurch öfter wenden.

3. Das restliche Öl erhitzen, den Knoblauch und die Sardellen darin bei mittlerer Hitze kurz anschmoren, dann die Tomaten dazugeben. Alles salzen und pfeffern und bei schwacher Hitze offen eindicken lassen.

4. Den Lorbeer aus der Marinade nehmen. Den Fisch samt Marinade in einer beschichteten Pfanne bei mittlerer Hitze garen. Das dauert etwa 10 Minuten. Den Fisch zwischendurch einmal vorsichtig wenden. Die Filets auf einer Platte anrichten und mit dem Tomatensugo überziehen.

Sogliola in carpione

Marinierte Seezunge

Zutaten für 4 Personen:
2 Eßl. ungeschwefelte Sultaninen
1 Zwiebel
2 mittelgroße Möhren
das Herz von 1 kleinen Bleichsellerie
600 g Seezungenfilets (eventuell vorbestellen)
Salz
weißer Pfeffer, frisch gemahlen
1 gehäufter Eßl. Mehl
etwa 1/8 l Olivenöl
2 Lorbeerblätter
2 Eßl. Pinienkerne
1/4 l trockener Weißwein
1/4 l sehr milder, aromatischer Weißweinessig

Braucht etwas Zeit

Pro Portion etwa:
2600 kJ/620 kcal
30 g Eiweiß · 40 g Fett
23 g Kohlenhydrate

- Zubereitungszeit: etwa 1 Stunde
- Marinierzeit: etwa 2 Tage

1. Die Sultaninen etwa 15 Minuten in lauwarmem Wasser einweichen, dann ausdrücken. Die Zwiebel in dünne Ringe, die Möhren und den Sellerie in dünne Scheibchen schneiden.

2. Den Fisch salzen, pfeffern und mit dem Mehl bestäuben. In einer breiten Pfanne 5 Eßlöffel Olivenöl erhitzen. Die Filets darin bei relativ starker Hitze auf beiden Seiten goldbraun braten, dann auf mehrere Lagen Küchenpapier legen.

3. Das restliche Öl in die Pfanne gießen, die Möhren, den Sellerie, die Zwiebelringe und die Lorbeerblätter dazugeben. Mit Salz würzen. Bei mittlerer Hitze unter Rühren »al dente« (bißfest) garen.

4. Die Filets lagenweise in eine Terrine füllen, dabei auf jede Lage etwas Gemüse verteilen und mit Sultaninen und Pinienkernen bestreuen.

5. Den Wein und den Essig in die Bratpfanne gießen und bei starker Hitze auf die Hälfte eindampfen lassen. Über die Filets gießen. Die Seezungen auskühlen lassen und für etwa 2 Tage in den Kühlschrank stellen. Zimmerwarm servieren.

Im Bild oben: Sogliola in carpione
Im Bild unten: Pesce alla pizzaiola

Mattonella di tonno

Thunfischpastete

Zutaten für 4 Personen:
2 Eier
100 g frische oder tiefgefrorene Erbsen
Salz
2 Eigelb
2 Messerspitzen Zucker
weißer Pfeffer, frisch gemahlen
1 Teel. mittelscharfer Senf
3 Eßl. Zitronensaft
1/4 l Olivenöl, kaltgepreßt
400 g Thunfisch in Öl (Netto-einwaage)
1 Bund Petersilie
2 Eßl. Kapern
Zum Bestreichen: Olivenöl

Preiswert
Braucht etwas Zeit

Pro Portion etwa:
2200 kJ/550 kcal
37 g Eiweiß · 37 g Fett
5 g Kohlenhydrate

● Zubereitungszeit: etwa
 4 Stunden (davon etwa
 3 Stunden Kühlzeit)

1. Die Eier in etwa 10 Minuten hart kochen, dann kalt abschrecken und schälen.

2. Die Erbsen in leicht gesalzenem Wasser »al dente« (bißfest) kochen, in einem Sieb abtropfen und auskühlen lassen.

3. Für die Mayonnaise in einer Schüssel die Eigelbe mit 1 Prise Salz, dem Zucker und etwas Pfeffer, dem Senf und 1/2 Teelöffel Zitronensaft mit dem Schneebesen schaumig rühren. Unter ständigem Rühren das Öl zuerst tropfenweise, dann teelöffelweise zufließen lassen. Das Öl völlig unterrühren, bevor weiteres Öl zugegeben wird. Wenn die Sauce dicklich wird, einige Tropfen Zitronensaft unterrühren. Langsam unter ständigem Rühren das restliche Öl und den restlichen Zitronensaft hinzufügen. Mit Salz und Pfeffer abschmecken, dann die Mayonnaise kühl stellen.

4. Den Thunfisch gut abtropfen lassen, so daß das ganze Konservierungsöl entfernt wird, dann in eine Schüssel geben, mit einer Gabel zerdrücken, dann mit dem Handrührgerät zu einer gleichmäßigen Paste verrühren.

5. Die Petersilie waschen, trockenschwenken und fein hacken. Dann mit der Hälfte der Mayonnaise und drei Viertel der Erbsen unter die Thunfischpaste mischen.

6. Eine passende Kastenform mit Pergamentpapier auskleiden, das Papier gut mit Öl bestreichen, dann die Thunfischmasse einfüllen. Die Form ein paarmal auf der Tischplatte aufschlagen, damit Luftblasen entweichen können. Die Oberfläche glattstreichen. Mit geöltem Papier abdecken. Die Form für etwa 3 Stunden kühl stellen.

7. Kurz vor dem Servieren die Thunfischpastete auf eine Servierplatte stürzen und das Papier abziehen. Die Pastete nach Geschmack mit der restlichen Mayonnaise überziehen oder diese getrennt dazu servieren. Die Eier in Scheiben schneiden und auf der Oberfläche der Pastete schuppig anordnen. Mit den Kapern bestreuen. Die restlichen Erbsen als Garnierung um die Pastete verteilen.

Variante:
Spuma di tonno
300 g Thunfisch abtropfen lassen, dann fein pürieren. 2–3 Sardellenfilets und etwa 75 g Kapern fein hacken. Mit dem Thunfisch und 300 g Mascarpone in einer Schüssel mit dem Handrührgerät zu einer gleichmäßigen Paste rühren. Mit Salz, Pfeffer und etwas Zitronensaft abschmecken. Eine passende Kastenform mit gut geöltem Pergamentpapier auskleiden, die Thunfischmasse einfüllen und glattstreichen. Mit geöltem Papier abdecken. Mindestens 6 Stunden kühl stellen. Zum Servieren stürzen und das Papier abziehen. Mit gefüllten Oliven in Scheiben und mit Cornichons garnieren.

Vom frischen Meeresfisch abgeschnitten, mußten die erfindungsreichen Köche des italienischen Binnenlandes auf konservierten Fisch ausweichen – und kreierten so üppige Delikatessen wie die Mattonella di tonno.

Acciughe marinate

Marinierte Sardellen

Zutaten für 4 Personen:
500 g ganz frische Sardellen
Salz
etwa 1 Messerspitze gemahlener
Peperoncino (kleine scharfe Pfeffer-
schote), ersatzweise Cayennepfeffer
etwa 1/4 l echter Zitronensaft
(nicht aus Konzentrat) aus der Flasche
oder frisch gepreßt
1 mittelgroße weiße Zwiebel
etwa 1/8 l Olivenöl, kaltgepreßt
1 Eßl. getrockneter Oregano

Etwas schwierig

Pro Portion etwa:
1900 kJ/450 kcal
25 g Eiweiß · 37 g Fett
4 g Kohlenhydrate

- Zubereitungszeit: etwa
  7 Stunden (davon etwa
  6 Stunden Marinierzeit)

Tip!

Zum Aufbewahren können
Sie die Filets wieder lagenweise in den Behälter
schichten. Jede Lage mit so
viel Olivenöl begießen, bis
am Ende alle Sardellen damit bedeckt sind. Gut ver-
schlossen halten sie sich
dann 4–5 Tage im Kühl-
schrank.

1. Von den Sardellen den Kopf
unmittelbar hinter den Kiemen
abdrehen und mit dem daran-
hängenden Verdauungstrakt
wegwerfen. Die Unterseite der
Fische mit dem Daumennagel
von vorne nach hinten auf-
schlitzen. Die Mittelgräte rechts
und links vorsichtig freilegen,
ohne die Filets zu verletzen.

2. Dann die Gräte von vorne
nach hinten herausziehen, vor
der Schwanzflosse abknipsen,
so daß die Filets am Rücken
noch zusammenhängen. Die
Sardellenfilets gründlich waschen, mit Küchenpapier gut
trockentupfen.

3. Die Filets dann lagenweise
mit der Innenseite nach oben in
einen passenden verschließba-
ren Behälter (zum Beispiel qua-
dratische Frischhaltedose) legen. Jede Lage mit Salz und
wenig Peperoncino würzen und
reichlich mit Zitronensaft beträufeln. Die Filets sollen damit
am Ende bedeckt sein.

4. Im Kühlschrank mindestens
6 Stunden marinieren lassen.
Vor dem Servieren die Zwiebel
in sehr feine Ringe schneiden.
Die Filets aus der Marinade
nehmen und trockentupfen.
Sternförmig auf einer runden
Platte anordnen, großzügig mit
Olivenöl begießen, mit dem
Oregano bestreuen und mit
den Zwiebelringen garnieren.

Cozze gratinate

Überbackene Muscheln

Zutaten für 4 Personen:
24 möglichst große Miesmuscheln
1 mittelgroße Zwiebel
2 Knoblauchzehen
1 kleines Bund Basilikum
100 g Champignons
75 g Parmesan, frisch gerieben
50 Semmelbrösel
Salz
schwarzer Pfeffer, frisch gemahlen
5 Eßl. Olivenöl
Zum Beträufeln: Olivenöl
1 Zitrone

Raffiniert

Pro Portion etwa:
2400 kJ/570 kcal
25 g Eiweiß · 33 g Fett
45 g Kohlenhydrate

• Zubereitungszeit: etwa
  1 1/4 Stunden

Variante:
Cozze al limone
Die Muscheln wie im Rezept
angegeben vorbereiten. Aus
dem Saft einer Zitrone, Salz,
schwarzem, frisch gemahlenem
Pfeffer und 3 Eßlöffeln kaltgepreßtem Olivenöl sowie 3 Eßlöffeln fein gehackter Petersilie
eine Marinade rühren. Die
Muschelhälften mit dieser Sauce beträufeln und mit frischem
Weißbrot servieren.

1. Die Muscheln unter fließendem Wasser bürsten und entbarten (geöffnete wegwerfen).
Mit 1/8 l Wasser in einen Topf
geben. Zugedeckt bei starker
Hitze etwa 10 Minuten dämpfen, bis sich fast alle Schalen
geöffnet haben. Die Muscheln
herausnehmen (geschlossene
wegwerfen). Die leeren Scha-
lenhälften entfernen.

2. Die Zwiebel und den Knoblauch schälen und mit dem
Basilikum fein hacken. Den
Backofen auf 230° vorheizen.
Die Pilze putzen und ebenfalls
fein hacken. Alle diese Zutaten
in einer Schüssel mit dem Käse,
den Semmelbröseln, Salz, Pfeffer und dem Olivenöl zu einer
gleichmäßigen Paste rühren.

3. Die Paste so auf die
Muschelhälften streichen, daß
die Muscheln mit der Paste bedeckt sind. Die gefüllten
Muschelhälften nebeneinander
auf ein Backblech legen, jede
Hälfte mit Öl beträufeln, dann
etwa 5 Minuten im Backofen
(oben) überbacken.

4. Eine Servierplatte vorwär-
men (eventuell mit Salz aus-
streuen, damit die Muscheln
auf dem Salzbett nicht umkip-
pen können). Die Zitrone in
Achtel schneiden. Die gratinier-
ten Muscheln auf der Servierplatte anrichten und mit den
Zitronenachteln garnieren.
Heiß servieren.

Insalata di gamberi

Garnelensalat

Zutaten für 4 Personen:
4 kleine, feste Tomaten
Salz
1 Kopfsalat
250 g gekochte, ausgelöste
Garnelen
1/2 Zitrone
6 Eßl. Olivenöl, kaltgepreßt
weißer Pfeffer, frisch gemahlen

Schnell

Pro Portion etwa:
830 kJ/200 kcal
14 g Eiweiß · 14 g Fett
5 g Kohlenhydrate

- Zubereitungszeit: etwa
  20 Minuten

1. Die Tomaten waschen, abtrocknen und ohne die Stielansätze in Scheiben schneiden. Salzen und etwa 10 Minuten abtropfen lassen.

2. Den Kopfsalat putzen, waschen, trockenschleudern und in mundgerechte Stücke zerpflükken.

3. Vier Portionsschälchen mit etwas Salat auslegen. Die Tomatenscheiben daraufgeben und die Garnelen darüber verteilen.

4. Die Zitrone auspressen. Den Saft mit dem Öl verrühren, mit Salz und Pfeffer kräftig abschmecken. Den Salat mit dieser Sauce begießen.

Vongole alla camogliana

Venus- oder Trogmuscheln in pikanter Sauce

Zutaten für 4 Personen:
2 Knoblauchzehen
1 Bund Petersilie
3 Sardellenfilets
5–6 Eßl. Olivenöl
4 Eßl. trockener Weißwein
400 g Dosentomaten
etwa 1 Messerspitze gemahlener
Peperoncino (kleine scharfe Pfeffer-
schote), ersatzweise Cayennepfeffer
750 g Venus- oder Trogmuscheln
schwarzer Pfeffer aus der Mühle
Salz
4 Scheiben Kastenweißbrot
1 Zitrone

Etwas teurer

Pro Portion etwa:
1300 kJ/310 kcal
24 g Eiweiß · 17 g Fett
14 g Kohlenhydrate

- Zubereitungszeit: etwa 1 Stunde

1. Den Knoblauch schälen. Den Knoblauch, die Petersilie und die Sardellenfilets getrennt ganz fein hacken.

2. In einer breiten Kasserolle mit Deckel das Öl nicht zu stark erhitzen, den Knoblauch mit der Hälfte der Petersilie etwa 5 Minuten darin unter Rühren braten. Dann die Sardellen kurz mitbraten. Den Wein angießen und bei starker Hitze verdampfen lassen, dann die Hitze wieder reduzieren. Die Tomaten mit dem Saft dazugeben und mit einer Gabel zer-

drücken. Mit dem Peperoncino würzen und bei schwacher Hitze eindicken lassen.

3. Die Muscheln unter fließendem Wasser gründlich waschen (offene und beschädigte Exemplare wegwerfen). Dann die Muscheln in die Sauce geben. Die Kasserolle zudecken und die Muscheln bei mittlerer Hitze etwa 10 Minuten dämpfen, bis sich alle Schalen geöffnet haben. Zwischendurch die Kasserolle ab und zu kräftig rütteln, damit die Muscheln gleichmäßig garen.

4. Die Sauce mit Pfeffer und, falls nötig, mit Salz abschmecken. Die Brotscheiben toasten.

5. Die geöffneten Muscheln (noch geschlossene wegwerfen) mit der Sauce in vorgewärmte Teller verteilen, mit der restlichen Petersilie bestreuen und servieren. Das Brot extra dazu reichen. Die Pfeffermühle und eine Schüssel für die leeren Muschelschalen bereitstellen.

6. Nach dem Essen vier kleine Schüsseln mit Wasser und jeweils einer Zitronenspalte bereitstellen, um die Finger zu säubern.

Im Bild oben:
Vongole alla camogliana
Im Bild unten: Insalata di gamberi

Insalata ai frutti di mare

Salat aus Meeresfrüchten

Ein »antipasto«, das so richtig nach Meer duftet und Erinnerungen weckt an laue Sommerabende in kleinen Strandrestaurants.

Zutaten für 4 Personen:
400 g küchenfertige Calamari oder Sepie (in Ringe geschnitten, tiefgefroren und aufgetaut)
1 Zwiebel
1 Möhre
1 Lorbeerblatt
3 Gewürznelken
1/8 l trockener Weißwein
4 Eßl. milder Weißweinessig
750 g Miesmuscheln
1–2 Knoblauchzehen
1 Bund Petersilie
Saft von 1 Zitrone
Salz
6–8 Eßl. Olivenöl, kaltgepreßt
1 Prise gemahlener Peperoncino (kleine scharfe Pfefferschote), ersatzweise Cayennepfeffer
250 g gekochte, ausgelöste Garnelen
1 Zitrone
Für die Tintenfische: 1 Mulltuch

Raffiniert
Braucht etwas Zeit

Pro Portion etwa:
1600 kJ/380 kcal
46 g Eiweiß · 20 g Fett
3 g Kohlenhydrate

- Zubereitungszeit: etwa
  2 1/4 Stunden (davon etwa
  1 Stunde Marinierzeit)

1. Die Tintenfische kurz mit Wasser abbrausen.

2. Die Zwiebel schälen. Die Möhre waschen und schälen, beide in Scheiben schneiden.

3. Die Zwiebel und die Möhre mit dem Lorbeerblatt, den Gewürznelken, dem Weißwein und dem Essig in eine Kasserolle geben. Die Tintenfische in das Mulltuch binden und dieses in den Sud legen. Alles zugedeckt so lange bei ganz schwacher Hitze kochen lassen, bis die Tintenfische weich sind. Das dauert je nach Qualität 40–60 Minuten.

4. Inzwischen die Muscheln unter fließendem kaltem Wasser gut bürsten und entbarten (geöffnete Muscheln wegwerfen). Die Muscheln in einen Topf geben. 1/4 l Wasser angießen, zugedeckt bei starker Hitze dämpfen, bis sich fast alle Schalen geöffnet haben. Dann die Muscheln herausnehmen (ungeöffnete wegwerfen) und das Muschelfleisch aus den Schalen lösen.

5. Den Knoblauch schälen, die Petersilie waschen, trockentupfen und mit dem Knoblauch zusammen fein hacken.

6. Aus dem Zitronensaft, Salz, dem Olivenöl, dem Peperoncino, dem Knoblauch, der Petersilie und 1 Eßlöffel Kochsud von den Tintenfischen eine pikante Salatsauce rühren.

7. Sobald die Tintenfische weich sind, aus dem Sud heben, aus dem Mulltuch nehmen und gut abtropfen lassen. Mit den Muscheln und Garnelen in eine Salatschüssel füllen und mit der Salatsauce vermischen. Zugedeckt mindestens 1 Stunde kühl stellen. Den Salat zimmerwarm mit Zitronenachteln garniert servieren.

Variante:
Calamari in insalata

2 Knoblauchzehen halbieren, 1 Zwiebel und zwei Selleriestangen in Stücke schneiden, 1 Möhre vierteln und mit 1 Lorbeerblatt und 5 Pfefferkörnern in Salzwasser aufkochen. 750 g Tintenfische in Ringen oder Streifen in ein Mulltuch binden, dazugeben (die Calamari sollen gerade von Wasser bedeckt sein) und zugedeckt weich kochen. 1 Bund Petersilie und 2 Knoblauchzehen sehr fein hacken. Mit dem Saft von 2 Zitronen, Salz, reichlich Pfeffer und 5 Eßlöffeln kaltgepreßtem Olivenöl eine pikante Salatsauce rühren. Mit den gegarten, abgetropften Calamari mischen. Weiterverfahren, wie im Rezept beschrieben.

Aus den kühlen Fluten des Meeres: Insalata ai frutti di mare ist ein kulinarisches »Muß« für alle Fans von maritimen Genüssen.

Antipasto misto

Vorspeise mit Schinken und Salami

Zutaten für 4 Personen:
150 g Parmaschinken
150 g gekochter Schinken
50 g Pökelzunge
100 g grobe Salami
100 g feine Salami
100 g Butter in Röllchen
1 kleines Glas Silberzwiebeln
1 Glas Artischockenherzen (halbiert und in Öl eingelegt, 345 g)
6 halbe Paprikaschoten (Glas)
100 g gefüllte grüne Oliven

Für Gäste

Pro Portion etwa:
3300 kJ/790 kcal
28 g Eiweiß · 69 g Fett
11 g Kohlenhydrate

- Zubereitungszeit: etwa 30 Minuten

1. Eine kleine tiefe Schüssel außen mit Alufolie verkleiden. Umgekehrt in die Mitte einer großen, flachen Servierplatte stellen, dann mit den Parmaschinkenscheiben bedecken.

2. Den gekochten Schinken, die Zunge und die Salami dekorativ rundum anordnen. Die Schinkenkuppel mit 3 Butterröllchen krönen. Die restliche Butter auf der Platte verteilen.

3. Die Silberzwiebeln, die Artischockenherzen, die Paprikaschoten und die Oliven als Beilage servieren.

Carpaccio

Mariniertes Rinderfilet

Zutaten für 4 Personen:
200–300 g rohes Rinderfilet, vom Metzger in hauchdünne Scheiben geschnitten
Salz
2–3 EßI. Zitronensaft
4 EßI. Olivenöl, kaltgepreßt
weißer Pfeffer, frisch gemahlen
50 g junger Parmesan am Stück
1 Zitrone
1 Bund krause Petersilie
Pfeffer aus der Mühle

Raffiniert

Pro Portion etwa:
880 kJ/210 kcal
19 g Eiweiß · 15 g Fett
1 g Kohlenhydrate

- Zubereitungszeit: etwa 30 Minuten

1. Die Fleischscheiben auf vier Portionstellern auslegen.

2. Etwas Salz in dem Zitronensaft auflösen, das Öl dazugießen und kräftig rühren, bis sich alles verbunden hat. Die Marinade gleichmäßig über das Fleisch verteilen. Die Teller mit Klarsichtfolie bedeckt 5–10 Minuten stehen lassen.

3. Vor dem Servieren mit dem Sparschäler hauchdünne Späne von dem Parmesan abraspeln und eher sparsam über dem Fleisch verteilen. Die Zitrone achteln. Den Carpaccio mit den Zitronenachteln und der Petersilie garnieren. Die Pfeffermühle bereitstellen.

Prosciutto e melone

Schinken mit Melone

Zutaten für 4 Personen:
1 reife Honigmelone
8 dünne Scheiben Parmaschinken (etwa 200 g)
Salz
schwarzer Pfeffer aus der Mühle

Gelingt leicht

Pro Portion etwa:
1200 kJ/290 kcal
10 g Eiweiß · 18 g Fett
25 g Kohlenhydrate

- Kühlzeit: etwa 3 Stunden
- Zubereitungszeit: etwa 15 Minuten

1. Die Melone vor dem Servieren 2–3 Stunden in den Kühlschrank stellen.

2. Die Melone dann längs halbieren. Die Kerne entfernen. Jede Hälfte in gleich große Schnitten zerteilen.

3. Etwa drei Viertel des Melonenfleisches von der Schale schneiden. Mit dem Schinken umwickeln und gefällig anrichten. Salzstreuer und Pfeffermühle bereitstellen.

Im Bild oben: Antipasto misto
Im Bild Mitte: Prosciutto e melone
Im Bild unten: Carpaccio

Vitello tonnato

Kalbfleisch in Thunfischsauce

Ursprünglich eine Spezialität der lombardischen Küche, wird dieses Gericht heute nicht nur in ganz Italien als Auftakt zu einem festlichen Menü geschätzt. Es hat sich auch einen Platz in der internationalen Gastronomie erobert.

Zutaten für 5 Personen:
1 mittelgroße Möhre
1 Zwiebel
750 g Kalbfleisch aus der Nuß
2 Lorbeerblätter
2 Gewürznelken
etwa 3/4 l trockener Weißwein
Salz
weißer Pfeffer, frisch gemahlen
150 g Thunfisch in Öl (Nettoeinwaage)
3–4 Sardellenfilets
50 g Kapern
50 g Cornichons
2 Eigelb
Saft von 1 Zitrone
8 Eßl. Olivenöl, kaltgepreßt
1/2 Bund krause Petersilie
1 Zitrone

Exklusiv

Pro Portion etwa:
2100 kJ/500 kcal
47 g Eiweiß · 34 g Fett
2 g Kohlenhydrate

• Zubereitungszeit: etwa
7 3/4 Stunden (davon etwa
6 Stunden Kühlzeit)

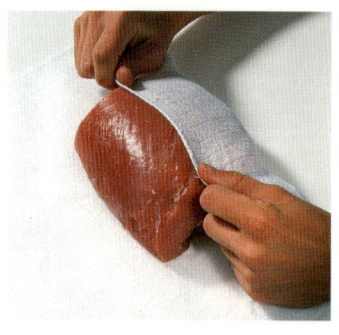

1. Die Möhre und die Zwiebel schälen. Beide grob in Stücke schneiden. Das Fleisch fest in ein Stück Gaze oder Baumwolltüll einrollen, damit es beim Kochen die Form behält. In eine Kasserolle geben, die gerade so groß ist, daß das Fleisch darin Platz hat. Das Gemüse, den Lorbeer und die Nelken dazugeben.

2. Den Weißwein und soviel kochendes Wasser angießen, daß das Fleisch mit Flüssigkeit bedeckt ist. Salzen und pfeffern. Bei schwacher Hitze zugedeckt kochen, bis das Fleisch gar, aber noch fest ist. In der Brühe auskühlen lassen. Den abgetropften Thunfisch, die Sardellen, die Kapern und die Gurken ganz fein hacken.

3. Die Eigelbe mit dem Zitronensaft schaumig rühren, dann tropfenweise das Öl dazugießen und so lange rühren, bis eine cremige Sauce entsteht. Die feingehackten Zutaten untermischen, so viel Kochflüssigkeit einrühren, daß die Sauce wie Sahne fließt. Mit Salz und Pfeffer würzen.

4. Das Fleisch auswickeln, abtrocknen und in dünne Scheiben schneiden. Auf einer Platte schuppenförmig anordnen. Die Sauce gut durchrühren, dann gleichmäßig über dem Fleisch verteilen. Die Platte mit Klarsichtfolie bedeckt 5–6 Stunden kühl stellen. Dann mit Petersilie und Zitronenscheiben garniert anrichten.

Pollo alla golosa

Huhn in Weißwein gedämpft

Zutaten für 4 Personen:
1 frisches Brathuhn (etwa 1,2 kg)
2 Knoblauchzehen
3–4 Eßl. Olivenöl
2–3 Lorbeerblätter
Saft von 1 Zitrone
1/4 l trockener Weißwein
4 Eßl. milder, aromatischer
Weißweinessig
Salz
weißer Pfeffer, frisch gemahlen
1 Zitrone
1/2 Bund krause Petersilie

Raffiniert

Bei 5 Portionen pro Portion etwa:
2300 kJ/550 kcal
62 g Eiweiß · 27 g Fett
4 g Kohlenhydrate

• Zubereitungszeit: etwa
  2 Stunden (davon etwa
  1 Stunde Kühlzeit)

Variante:
Pollo tonnato
1 Möhre, 1 Zwiebel und
1 Stange Bleichsellerie grob
hacken, 1 Lorbeerblatt und
1 Zweig Thymian mit einer Pou-
larde bei schwacher Hitze in
Salzwasser garen. Häuten und
das Fleisch in großen Stücken
von den Knochen lösen, in einer flachen Schüssel mit der
Thunfischsauce vom Vitello tonnato (Rezept gegenüber) überziehen. 3 Stunden kühl stellen.

1. Das Huhn in 8 Stücke teilen, diese gründlich waschen, da-bei alle Knochensplitter sorgfäl-tig entfernen. Die einzelnen Tei-le trockentupfen. Die Knob-lauchzehen schälen.

2. In einer breiten Pfanne das Öl erhitzen, das Fleisch neben-einander hineinlegen, die Knoblauchzehen und die Lor-beerblätter dazugeben. Bei mittlerer Hitze das Fleisch offen so lange braten, bis es Farbe bekommt. Dabei mehrmals wenden.

3. Dann den Zitronensaft, den Weißwein und den Essig an-gießen. Mit Salz und Pfeffer würzen. Zugedeckt bei schwa-cher Hitze etwa 20–25 Minu-ten (die Brustteile nach etwa 5 Minuten herausnehmen) garen. Falls nötig, etwas Wein dazu-gießen. Die Sauce bis auf 4–5 Eßlöffel verdampfen lassen.

4. Die Hühnerteile auf eine Servierplatte legen, mit der Sauce (ohne Knoblauch und Lorbeerblätter) bestreichen und mit einer Folie bedeckt abküh-len lassen. Die Zitrone in Schei-ben schneiden. Die Petersilie waschen und trockenschwen-ken. Das Huhn mit den Zitro-nenscheiben und der Petersilie garnieren.

Parmigiana di melanzane

Auberginen mit Käse überbacken

Die »parmigiana« ist eigentlich eine Spezialität aus Neapel. Es gibt aber auch in anderen Regionen Süditaliens verschiedenste Varianten zu diesem köstlichen Gemüseauflauf.

Zutaten für 6 Personen:
800 g Auberginen
Salz
800 g Dosentomaten
1 Zwiebel
2 Eßl. Olivenöl
schwarzer Pfeffer, frisch gemahlen
1 Prise Zucker
1 kleines Lorbeerblatt
2 Eier
300 g Mozzarella
1 Bund Basilikum
etwa 1/8 l Sonnenblumenöl
100 g Parmesan, frisch gerieben
Für die Form: Olivenöl

Braucht etwas Zeit

Pro Portion etwa:
2000 kJ/480 kcal
24 g Eiweiß · 36 g Fett
11 g Kohlenhydrate

• Zubereitungszeit: etwa
  2 Stunden

1. Von den Auberginen die Stielenden abschneiden. Die Früchte waschen und in knapp 1 cm dicke Scheiben schneiden, in ein Sieb geben, lagenweise mit Salz bestreuen und mindestens 30 Minuten ruhen lassen.

2. Die Tomaten leicht abtropfen lassen, dann mit einer Gabel zerdrücken. Die Zwiebel schälen und fein hacken.

3. In einer Kasserolle das Olivenöl erhitzen und die Zwiebel darin bei schwacher Hitze unter Rühren weich braten (nicht bräunen lassen). Dann die Tomaten dazugeben, mit Salz, Pfeffer, dem Zucker und dem Lorbeerblatt würzen. Zugedeckt bei schwacher Hitze eindicken lassen.

4. Inzwischen die Eier in etwa 10 Minuten hart kochen, kalt abschrecken und in Scheiben schneiden.

5. Den Mozzarella in dünne Scheibchen teilen. Das Basilikum, wenn nötig, waschen und trockenschwenken. Die Blättchen abzupfen und kleinschneiden.

6. Die Auberginen abbrausen, mit dem Handballen ausdrücken, dann mit Küchenpapier trockentupfen. Jeweils etwa ein Drittel des Sonnenblumenöls in einer großen Pfanne erhitzen und darin die Auberginenscheiben bei starker Hitze portionsweise auf beiden Seiten goldgelb braten. Auf Küchenpapier abtropfen lassen.

7. Den Backofen auf 180° vorheizen.

8. Eine feuerfeste Form mit Olivenöl ausstreichen, dann mit Auberginenscheiben auslegen. Diese leicht salzen und pfeffern. Mit Mozzarella und Ei-scheiben belegen, mit dem Parmesan und Basilikum bestreuen und löffelweise mit Tomatensauce begießen. Lagenweise wiederholen, bis alle Zutaten verbraucht sind. Die oberste Schicht wird durch Tomatensauce und Parmesan gebildet.

9. Dann die »parmigiana« im Backofen (Mitte) 35–40 Minuten backen. Lauwarm oder kalt servieren.

Tip!

Die Sizilianer lieben's herzhaft: An Sonn- und Feiertagen streuen sie noch Würfel von rohem und/oder gekochtem Schinken zwischen die einzelnen Lagen.

Verlockt durch Duft und Farbenpracht: Die Parmigiana di melanzane führt ein reiches Innenleben aus Auberginen, Tomaten, Mozzarella und Eiern.

Zucchini alla marchigiana

Gefüllte Zucchini

Zutaten für 4 Personen:
4 mittelgroße, feste Zucchini (etwa 800 g)
Salz
1 Knoblauchzehe
1 Bund Petersilie
2 Eier
1 Eßl. Parmesan, frisch gerieben
2–3 Eßl. Semmelbrösel
schwarzer Pfeffer, frisch gemahlen
1 Prise Muskatnuß
1 Zwiebel
6 Eßl. Olivenöl
2 Eßl. Tomatenmark

Braucht etwas Zeit

Pro Portion etwa:
1400 kJ/330 kcal
15 g Eiweiß · 21 g Fett
20 g Kohlenhydrate

• Zubereitungszeit: etwa 1 Stunde

1. Die Zucchini waschen. Die Blüten- und die Stielansätze entfernen. Die Früchte längs halbieren, mit einem scharfkantigen Teelöffel bis auf 1/2 cm Rand vorsichtig aushöhlen, so daß Schiffchen entstehen. In kochendem Salzwasser etwa 4 Minuten blanchieren (überbrühen und sprudelnd kochen lassen), dann mit der Schnittfläche nach unten auf Küchenpapier abtropfen lassen.

2. Die Knoblauchzehe schälen. Die Petersilie waschen, trockentupfen, mit dem Knoblauch und dem Fruchtfleisch der Zucchini fein hacken und in eine Schüssel geben.

3. Die Eier, den Käse und die Semmelbrösel dazugeben. Mit Salz, Pfeffer und der Muskatnuß würzen. Alle Zutaten zu einer gleichmäßigen Masse verarbeiten. Die Zucchinihälften damit füllen.

4. Die Zwiebel fein hacken.

5. Den Backofen auf 180° vorheizen.

6. In einer flachen, feuerfesten Form 4 Eßlöffel Öl erhitzen, die Zwiebel darin unter Rühren kurz anbraten. Das Tomatenmark mit 1/8 l heißem Wasser verquirlen, dann zu den Zwiebeln gießen. Die Sauce kurz aufkochen lassen, mit Salz und Pfeffer würzen, dann die gefüllten Zucchinihälften nebeneinander in die Form legen und mit dem restlichen Olivenöl beträufeln. Die Gratinform mit einem Stück Alufolie locker verschließen.

7. Die Zucchini im Backofen (Mitte) etwa 20 Minuten backen. Dann die Folie entfernen, den Backofen auf 230° schalten und die gefüllten Zucchini im Backofen (oben) etwa 3 Minuten gratinieren. Warm (nicht heiß) oder ausgekühlt servieren.

Variante:
Zucchini farciti di tonno
Das ausgelöste, kleingehackte Zucchinifleisch mit 200 g abgetropftem, kleingehacktem Thunfisch aus der Dose, 1 Ei, 1 Eßlöffel geriebenem Parmesan, 50 g eingeweichter, gut ausgedrückter Weißbrotkrume, 2 Eßlöffeln gehackter Petersilie, 1 durchgepreßten Knoblauchzehe, Salz und Pfeffer vermengen. Diese Masse in die Zucchinihälften füllen. Entweder in Tomatensauce oder in einer mit reichlich Butter ausgestrichenen Gratinform, wie angegeben,

Gefüllte Zucchini gibt es in vielen Variationen. Die Zucchini alla marchigiana präsentieren sich ländlich schlicht, aber delikat mit einer Fülle aus gehacktem Zucchinifleisch, Eiern und Petersilie.

Finocchi gratinati

Überbackener Fenchel

Zutaten für 6 Personen:
1 große Zwiebel
200 g gekochter Schinken, dick geschnitten
4 mittelgroße Fenchelknollen (etwa 1 kg)
2 Eßl. Olivenöl
3 Eßl. Butter
etwa 1/8 l Fleischbrühe
Salz
weißer Pfeffer, frisch gemahlen
50 g Parmesan, frisch gerieben

Gelingt leicht

Pro Portion etwa:
960 kJ/230 kcal
13 g Eiweiß · 15 g Fett
10 g Kohlenhydrate

• Zubereitungszeit: etwa
  45 Minuten

1. Die Zwiebel in Ringe, den Schinken in Würfel schneiden. Den Fenchel längs in 6 Stücke teilen.

2. Das Öl und 1 Eßlöffel Butter erhitzen. Die Zwiebel darin anbraten, dann den Fenchel dazugeben und 5 Minuten zugedeckt bei schwacher Hitze mitbraten, den Schinken untermischen und nach etwa 3 Minuten die Brühe angießen. Salzen und pfeffern. Zugedeckt in 20–25 Minuten bei schwacher Hitze bißfest garen. Die Flüssigkeit soll fast verdampft sein (wenn nötig, die Hitze verstärken). Den Backofen auf 250° vorheizen.

3. Das Gericht mit dem Käse bestreuen und die restliche Butter in Flöckchen darauf setzen. Im Backofen (Mitte) etwa 5 Minuten gratinieren.

Finocchi alla ghiotta

Fenchelgratin

Zutaten für 6 Personen:
4 mittelgroße Fenchelknollen (etwa 800 g)
Salz
1 Zwiebel
2 Knoblauchzehen
1/2 Bund Basilikum
400 g Dosentomaten
80 g Butter
schwarzer Pfeffer, frisch gemahlen
300 g gemischtes Hackfleisch
2 Eier
2 Eßl. Semmelbrösel
4 Eßl. Parmesan, frisch gerieben
200 g Sahne
Für die Form: Butter

Preiswert

Pro Portion etwa:
2100 kJ/500 kcal
21 g Eiweiß · 37 g Fett
19 g Kohlenhydrate

• Zubereitungszeit: etwa
  1 1/2 Stunden

1. Den Fenchel putzen (das Fenchelgrün aufbewahren) und vierteln. In Salzwasser in etwa 20 Minuten knapp gar kochen, dann abtropfen lassen.

2. Die Zwiebel in dünne Ringe schneiden. Den Knoblauch kleinhacken. Das Basilikum kleinschneiden. Die Tomaten etwas abtropfen lassen (den Saft auffangen).

3. 1 Eßlöffel Butter schmelzen lassen. Die Zwiebel und den Knoblauch darin bei schwacher Hitze unter Rühren 5–7 Minuten braten. Die Tomaten dazugeben, zerdrücken, dann das Basilikum untermischen, salzen und pfeffern. Bei mittlerer Hitze zugedeckt etwa 15 Minuten schmoren. Bei Bedarf etwas Tomatensaft angießen. Dann die Sauce pürieren.

4. Das Fleisch mit den Eiern, den Bröseln, 2 Eßlöffeln Käse, Salz und Pfeffer gut vermengen.

5. Den Backofen auf 200° vorheizen. Eine feuerfeste Form mit Butter ausstreichen. Die Hälfte des Fenchels hineingeben. Die Fleischmasse gleichmäßig darüber verteilen. Mit der Hälfte der Sahne begießen und mit 1 Eßlöffel Käse bestreuen. Den restlichen Fenchel darauf legen. Mit der Tomatensauce und dem Rest der Sahne begießen, den übrigen Käse darüber streuen. Die übrige Butter in Flöckchen darauf verteilen. Den Fenchel im Backofen (Mitte) 30–40 Minuten überbacken. Vor dem Servieren mit Fenchelgrün bestreuen.

Bild oben: Finocchi gratinati
Bild unten: Finocchi alla ghiotta

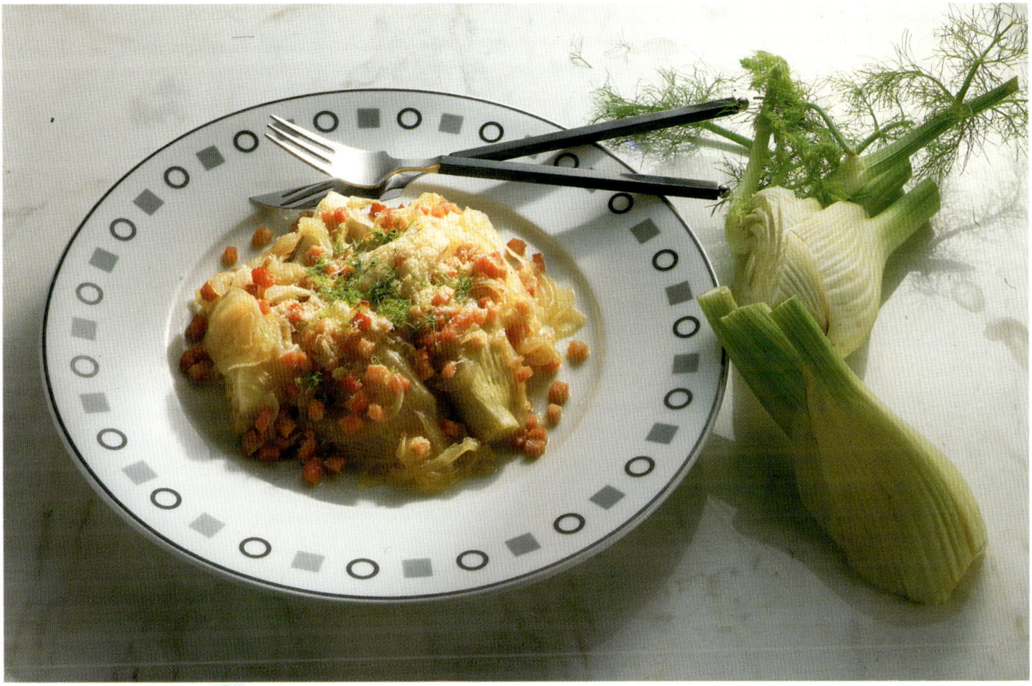

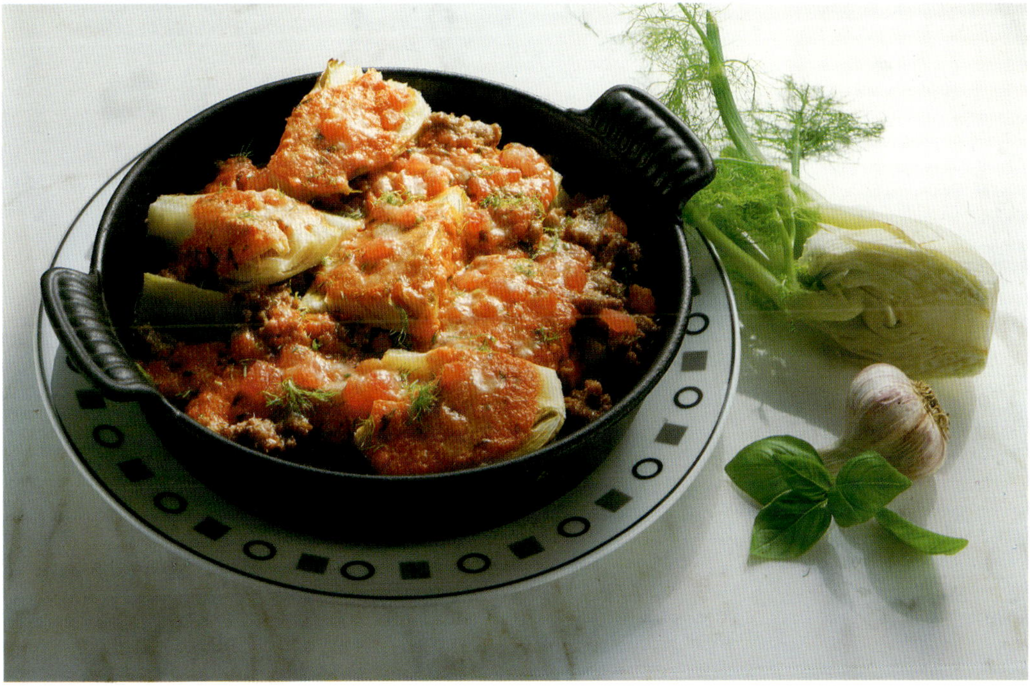

Crostata di ricotta

Ricottatorte

Zutaten für eine Springform von
26 cm Ø:
Für den Teig:
250 g Mehl
knapp 1 gestrichener Teel. Salz
50 weiche Butter
1 Ei
3 Eßl. Olivenöl
Für die Füllung:
150 g roher Schinken
150 g Paprikasalami
150 g Räucherkäse (Provola
affumicata)
1 Bund Basilikum
300 g Ricotta (italienischer Frischkäse), ersatzweise Schichtkäse
2 Eier
1 Eßl. Olivenöl
100 g Parmesan, frisch gerieben
Salz
weißer Pfeffer, frisch gemahlen
Für die Form: Butter
Für die Arbeitsfläche: Mehl

Gelingt leicht

Bei 16 Stück pro Stück etwa:
1400 kJ/330 kcal
15 g Eiweiß · 25 g Fett
11 g Kohlenhydrate

• Zubereitungszeit: etwa
  2 Stunden (davon etwa
  1 Stunde Kühlzeit)

1. Das Mehl auf ein Backbrett
sieben. Eine Mulde eindrücken.
Das Salz, die Butter in Flöckchen, das Ei und das Öl hineingeben. Alle Zutaten rasch zu einem glatten Teig verarbeiten.
Eine Springform mit etwas Butter ausstreichen. Den Teig auf

einer bemehlten Arbeitsfläche
etwa 4 mm dick ausrollen. Mit
Hilfe des Springformbodens
eine runde Teigplatte ausschneiden und in die Form legen. Den restlichen Teig ausrollen und in 4–5 cm breite
Streifen schneiden. Diese als
Rand an den Boden ansetzen.
Die Springform für etwa 1 Stunde kühl stellen.

2. Inzwischen den Schinken
und die Salami in schmale
Streifen und den Räucherkäse
in kleine Würfel schneiden.
Das Basilikum kleinhacken.

3. Den Frischkäse durch ein
Sieb streichen und in einer
Schüssel mit den Eiern, dem
Öl, dem Parmesan, dem
Basilikum, dem Schinken, der
Salami und dem Räucherkäse
gleichmäßig verrühren, so daß
eine weiche Masse entsteht.
Mit Salz und Pfeffer ab-
schmecken. Den Backofen auf
200° vorheizen.

4. Den Teigboden in der Form
mit einer Gabel mehrmals einstechen. Die Ricottamasse einfüllen und glattstreichen.

5. Im Backofen (Mitte) etwa
35 Minuten backen, bis die
Oberfläche der »crostata« goldgelb geworden ist.

Variante:
Crostata di cipolle

Den Teig wie im Rezept beschrieben herstellen und mit
etwa zwei Dritteln davon die
Form auskleiden. Dann kühl
stellen. 600 g in feine Ringe
geschnittene Zwiebeln in je
2 Eßlöffeln Butter und Olivenöl
bei schwacher Hitze weich
braten (sie dürfen nicht braun
werden). 3 Eier mit 200 g Sahne, Salz und Pfeffer verschlagen, 50 g Parmesan und die
Zwiebeln untermischen. Damit
die »crostata« füllen. Aus dem
restlichen Teig kleine Rollen formen und als Gitter über die
Zwiebeln legen. Mit einem
verquirlten Eigelb bestreichen.
Die »crostata« bei 200° im
Backofen (Mitte) etwa 40 Minuten backen. Heiß oder kalt
servieren.

*Für alle, die es deftig und üppig
lieben: Die Crostata di ricotta ist eine
rustikale Angelegenheit für eine
größere Gästeschar.*

Erbazzone

Spinattorte

Zutaten für eine Springform von
26 cm Ø:
Für den Teig:
350 g Mehl
1 Teel. Salz
175 g weiche Butter
1 Ei
3 Eßl. kaltes Wasser
Für die Füllung:
1 kg Spinat (ersatzweise Mangold)
150 g leicht durchwachsener
Räucherspeck ohne Schwarte
1/2 Zwiebel
1 Knoblauchzehe
1 Bund Petersilie
3 Eßl. Olivenöl
1 Ei
100 g Parmesan, frisch gerieben
Salz
schwarzer Pfeffer, frisch gemahlen
Für die Arbeitsfläche: Mehl
Für die Form: Butter
Zum Bestreichen: 1 Eiweiß

Für Gäste

Bei 16 Stück pro Stück etwa:
1200 kJ/290 kcal
9 g Eiweiß · 20 g Fett
16 g Kohlenhydrate

● Zubereitungszeit: etwa
  3 Stunden (davon etwa
  1 1/2 Stunden Ruhezeit)

1. Das Mehl auf ein Backbrett sieben, eine Mulde eindrücken. Das Salz, die Butter in Flöckchen, das Ei und das Wasser hineingeben. Alle Zutaten rasch zu einem glatten Teig verarbeiten. Zwei Drittel vom Teig auf einer leicht bemehlten Arbeitsfläche zu einer dünnen runden

Platte von etwa 32 cm Durchmesser ausrollen. Die Springform leicht mit Butter fetten. Die Springform und den Springformrand mit der Teigplatte auslegen, den Rand fest andrücken. Die Springform und den übrigen Teig zugedeckt etwa 2 Stunden kühl stellen.

2. Inzwischen den Spinat verlesen, die groben Stiele abknipsen, dann öfter in stehendem Wasser waschen. Tropfnaß in eine Kasserolle geben und zugedeckt bei schwacher Hitze so lange dämpfen, bis die Blätter zusammenfallen. Den Spinat in einem Sieb auskühlen lassen.

3. Den Speck kleinschneiden. Die Zwiebel und die Knoblauchzehe schälen und zusammen fein hacken. Die Petersilie waschen, trockenschwenken und ebenfalls fein hacken.

4. Den Spinat gut ausdrücken, mit dem Wiegemesser fein zerkleinern.

5. In einer Kasserolle das Öl erhitzen und bei relativ starker Hitze den Speck darin auslassen. Sobald er glasig ist, die Hälfte des Specks und das Bratfett aus der Kasserolle nehmen und beiseite stellen.

6. In dem verbleibenden Fett die Zwiebel, den Knoblauch und die Petersilie leicht anbraten, dann den Spinat dazugeben und zugedeckt bei schwacher Hitze etwa 10 Minuten ziehen lassen. Ab und zu umrühren. Den Backofen auf 180° vorheizen.

7. Die Kasserolle vom Herd nehmen, das Ei und den Käse gleichmäßig untermischen. Alles mit Salz und Pfeffer würzen.

8. Die Springform und den restlichen Teig aus dem Kühlschrank nehmen. Den Teigboden mit einer Gabel mehrfach einstechen. Die Spinatmasse einfüllen und glattstreichen. Überstehenden Teig abschneiden, den Rand mit dem verquirlten Eiweiß bestreichen.

9. Aus dem restlichen Teig eine runde Platte von etwa 26 cm Durchmesser ausrollen und damit die Füllung zudecken. In der Mitte des Deckels ein Loch ausschneiden, damit der beim Backen entstehende Dampf abziehen kann. In den Rand eventuell mit einer Gabel ein Muster eindrücken.

10. Die Torte im Backofen (Mitte) 40–50 Minuten backen. Nach etwa 30 Minuten aus dem Ofen nehmen, die Speck-Fett-Mischung auf der Oberfläche verteilen, dann fertigbacken. Heiß oder lauwarm servieren.

Wahre Meisterschaft entwickelten die italienischen Küchenkünstler bei der Zubereitung von frischem Blattspinat. Zu den köstlichsten Erfindungen zählt auch die Erbazzone.

Arancini di riso

Sizilianische Reiskugeln

Die Sizilianer haben nicht nur in der Baukunst Sinn für barocke Fülle. Gilt es Feste zu feiern, wird wahrhaft üppig getafelt. »Arancini« ist übrigens die Verkleinerungsform von »Orangen«. Wörtlich übersetzt heißt dieses Gericht also »kleine Orangen aus Reis«.

Zutaten für 6 Personen:

50 g ungeschwefelte Sultaninen
1 kleine Zwiebel
80 g gekochter Schinken
150 g Mozzarella
2 EßI. Olivenöl
200 g Hackfleisch von Kalb oder Rind
3 EßI. trockener Weißwein
1 Teel. Tomatenmark
4 EßI. Fleischbrühe
Salz
350 g Rundkornreis (Avorio)
3 Eier
100 g Parmesan, frisch gerieben
50 g Pinienkerne
weißer Pfeffer, frisch gemahlen
etwa 200 g Semmelbrösel
Zum Formen: Mehl
Zum Ausbacken: reichlich Sonnenblumenöl oder Schweineschmalz

Exklusiv

Pro Portion etwa:
3500 kJ / 830 kcal
36 g Eiweiß · 45 g Fett
73 g Kohlenhydrate

• Zubereitungszeit: etwa 2 Stunden

1. Die Sultaninen in lauwarmem Wasser etwa 15 Minuten einweichen, dann ausdrücken. Die Zwiebel schälen und fein hacken. Den gekochten Schinken und den Mozzarella in sehr kleine Würfel schneiden.

2. Das Olivenöl erhitzen, die Zwiebel darin bei mittlerer Hitze etwa 5 Minuten anbraten. Dann das Hackfleisch kurz mitbraten, den Wein angießen und unter Rühren verdampfen lassen. Das Tomatenmark mit der Brühe verrühren, dann dazu gießen. Das Ragout zugedeckt bei schwacher Hitze etwa 45 Minuten schmoren.

3. Inzwischen in einem Topf 4 l Wasser zum Kochen bringen, salzen, den Reis hineinstreuen und umrühren. In etwa 15 Minuten »al dente« (bißfest) garen, dann in einem Sieb gut abtropfen lassen. Den Reis in einer Schüssel mit 2 verschlagenen Eiern und dem Parmesan vermischen. Bei Bedarf mit Salz nachwürzen.

4. Sobald das Ragout gar und gut eingedickt ist, die Schinkenwürfel, die Sultaninen und die Pinienkerne untermischen. Mit Salz und Pfeffer würzen. Die Hände mit etwas Mehl bestäuben.

5. Für jeden »arancino« einen gehäuften Eßlöffel Reismasse abstechen, in eine Hand legen. In die Mitte eine tiefe Mulde drücken und in diese etwas Füllung und einige Mozzarellawürfel geben. Mit Reismasse gut verschließen, so daß keine Füllung austreten kann.

6. Den Reis mit beiden Händen zu einer Kugel formen (so groß wie eine kleine Orange). Das Backfett in einer tiefen Pfanne oder der Friteuse erhitzen (Friteuse 180°). Den Backofen auf 75° vorheizen.

7. In einem tiefen Teller das dritte Ei verquirlen. Die Semmelbrösel ebenfalls in einen tiefen Teller schütten. Die »arancini« im Ei wenden und mit den Semmelbröseln panieren.

8. Die Kugeln portionsweise im Backfett von beiden Seiten goldgelb und knusprig backen. Mit dem Schaumlöffel herausnehmen und auf Küchenpapier abtropfen lassen. In einer feuerfesten Form im Backofen warm halten, bis alle »arancini« ausgebacken sind. Dann sofort servieren.

Variante:

Supplì filante

1/2 gehackte Zwiebel in 30 g Butter etwa 5 Minuten braten (nicht braun werden lassen). 200 g Rundkornreis dazugeben, in 2–3 Minuten glasig braten, mit 1/2 l kochender Fleischbrühe aufgießen, in etwa 15 Minuten »al dente« (bißfest) garen, abtropfen und leicht auskühlen lassen. 50 g Parmesan und 1 verquirltes Ei untermischen. Mit Salz, weißem Pfeffer und Muskatnuß pikant abschmecken. 100 g Mozzarella klein würfeln. Je einen gut gehäuften Eßlöffel von der Reismasse abstechen, daraus eine Krokette formen. In die Mitte eine Mulde drücken und mit je einem Mozzarellawürfel und einer halben, entkernten, grünen Olive füllen. Mit der Reismasse gut verschließen. Die Kroketten in einem mit Salz verquirlten Ei wälzen, dann mit Semmelbröseln panieren. Dann ausbacken, wie im Rezept beschrieben. Sehr heiß servieren, so daß der Mozzarella beim Essen Fäden zieht (das heißt im Italienischen »filare«).

REZEPT- UND SACHREGISTER

Zum Gebrauch

Damit Sie Rezepte mit bestimmten Zutaten noch schneller finden, stehen in diesem Register zusätzlich auch beliebte Zutaten wie Thunfisch oder Tomaten – ebenfalls alphabetisch geordnet und halbfett gedruckt – über den entsprechenden Rezepten.

IMPRESSUM

Umschlag-Vorderseite:
Die Rezepte für Pomodori
ripieni (Gefüllte Tomaten),
Peperoni arrostiti (Gebratene
Paprikaschoten) und für Zuc-
chini a scapece (Marinierte
Zucchini) finden Sie auf den
Seiten 12, 27, und 30.

Auflage 8.
Jahr   1998

Redaktion:
Dr. Stephanie von Werz-
Kovacs
Layout: Ludwig Kaiser
Typographie: Robert Gigler
Herstellung: Ulrike Laqua
Fotos: Odette Teubner,
Kerstin Mosny
Umschlaggestaltung:
Heinz Kraxenberger
Satz: GSD, München
Druck: Appl, Wemding
Reproduktionen:
SKU, München
Bindung: Sellier, Freising

ISBN 3-7742-1092-6

Odette Teubner

wurde durch ihren Vater, den
international bekannten Food-
Fotografen Christian Teubner,
ausgebildet. Heute arbeitet sie
ausschließlich im Studio für Le-
bensmittelfotografie Teubner.
In ihrer Freizeit ist sie begeister-
te Kinderporträtistin – mit dem
eigenen Sohn als Modell.

Kerstin Mosny

besuchte eine Fachhochschule
für Fotografie in der französi-
schen Schweiz. Danach
arbeitete sie als Assistentin bei
verschiedenen Fotografen,
unter anderem bei dem Food-
Fotografen Jürgen Tapprich in
Zürich. Seit März 1985
arbeitet sie im Fotostudio
Teubner.

Marieluise Christl-Licosa

wurde in Tirol geboren und ist
dort aufgewachsen.
Mit ihrem Mann und den vier
Söhnen lebte sie viele Jahre in
Mailand, konnte dort die Lan-
dessprache erlernen und die
italienische Küche an ihren
Quellen studieren. Zahlreiche
Reisen und lange Ferienaufent-
halte in allen Regionen Italiens
führten zu vielen freundschaft-
lichen Kontakten mit der
Bevölkerung.
Mit wahrer Leidenschaft sam-
melte Frau Christl-Licosa Rezepte von neapolitanischen
Fischern, von piemontesischen
Bergbauern, von Herrschafts-
köchinnen aus der Lombardei
und der Toscana und nicht zu-
letzt von Chefköchen bekannter
Feinschmeckerlokale der großen
Städte. Seither ist die Arbeit am
Herd ihr Hobby geworden. An
der Volkshochschule Germering
bei München unterrichtet sie die
italienische Sprache und hält
Wochenendseminare für italienische Küche in ganz Bayern.